따뜻한 집
편안한 집
내 손으로 꾸민 집
⋮
손뜨개
인테리어 소품

따뜻한 집·편안한 집·내 손으로 꾸민 집
손뜨개 인테리어 소품

1판 1쇄 인쇄 2014년 10월 6일
1판 1쇄 발행 2014년 10월 15일

지은이 송영예
발행인 김재호 | **출판편집인·출판국장** 박태서 | **출판팀장** 이기숙
기획·편집 정세영 | **디자인** nice age | **도안디자인** 정영경
사진 심윤석(studio sim) | **스타일링** 배지현(d.Floor) | **교정** 조창원
협찬 양키캔들 | **마케팅** 이정훈·정택구·박수진
펴낸곳 동아일보사 | 등록 1968.11.9(1-75) | **주소** 서울시 서대문구 충정로 29(120-715)
마케팅 02-361-1030~3 | **팩스** 02-361-1041 | **편집** 02-361-0936
홈페이지 http://books.donga.com | **인쇄** 삼성문화인쇄

저작권 ⓒ송영예
편집저작권 ⓒ2014 동아일보사
이 책은 저작권법에 의해 보호받는 저작물입니다.
저자와 동아일보사의 서면 허락 없이 내용의 일부를 인용하거나 발췌하는 것을 금합니다.

ISBN 979-11-85711-34-8 13590 값 15,000원

따뜻한 집
편안한 집
내 손으로 꾸민 집
:
손뜨개
인테리어 소품

송영예 지음

동아일보사

PROLOGUE

일상에 작은 마법을 걸어주는 '행복 손뜨개'

〈송영예의 스타일 손뜨개〉를 낸 지 벌써 6년이 흘렀습니다. 책이 많은 사랑을 받으면서 저에게 놀랍고 감사한 경험이 참 많이 일어났습니다. 가장 뿌듯했던 순간은 제 책을 통해 인생의 긍정적인 변화를 맛본 사람들을 만났을 때입니다. 제 책을 보고 손뜨개를 시작해 갱년기를 이겨냈다는 주부, 손뜨개를 하며 자존감이 높아졌다는 학생, 자신이 정말 하고 싶은 일을 찾게 됐다는 30대 여성까지, 감동적인 사연을 들을 때마다 손뜨개 하길 참 잘했다는 생각이 듭니다.

가끔 저에게 왜 손뜨개를 하느냐고 묻는 사람이 있습니다. 그럴 때마다 저는 한결같이 대답합니다. '행복하기 위해서'라고요. 한 뼘밖에 안 되는 큰아이의 배냇저고리를 만들 때, 친구에게 줄 선물을 만들 때, 집안을 단장하는 인테리어 소품을 만들 때… 사랑하는 사람을 위해 무엇인가를 만들 때가 가장 설레고 행복한 순간이라는 것을 깨닫게 됩니다. 정성을 다해 만든 작품을 받고 기뻐하는 모습을 보면 가슴이 벅차오릅니다. 그럴 때마다 '아, 이런 게 행복이구나' 하고 느끼게 되지요.

하지만 이런 저런 일들로 바빠지면서 개인적으로 손뜨개를 하는 일에 소홀해졌습니다. 특히 가족을 위해 무엇인가를 만드는 시간이 점점 줄어들더군요. 아이들이 아주 어렸을 때는 소소한 작품까지 직접 만들어주었는데, 아이들이 커가면서 뭐가 그리 바빴는지 목도리 하나 떠주기도 쉽지 않았습니다. 이렇게 손뜨개를 하는 시간은 점점 줄어들었습니다.

시간이 흐르고 아이들은 어느덧 20대 초반의 어여쁜 숙녀로 자랐습니다. 성인이 되자 옷차림, 헤어스타일, 화장법 등 자신이 좋아하는 스타일로 열심히 꾸미기 시작하더군요. 방 역시 마찬가지였습니다. 각자의 스타일에 어울리는 소품을 사다가 방 곳곳에 장식하기 바빴습니다. 그러던 어느 날 큰아이가 한창 유행하는 북유럽풍의 인테리어 소품을 만들어 달라고 조르더군요. 아무리 찾아봐도 엄마의 솜씨만큼 마음에 드는 것이 없다는 것이었습니다. 그 마음이 너무 예쁘고, '우리 딸이 나의 작품을 기다리고 있었구나'라는 생각에 이번에는 오로지 사랑하는 가족을 위해 만들어보기로 했습니다. 〈손뜨개 인테리어 소품〉은 그렇게 시작되었습니다.

이 책은 질리지 않는 디자인과 컬러에 프랑스에서 최근에 가장 반응이 좋은 극세사 실을 처음으로 소개하고 있습니다. 특별한 무늬나 기법 없이 그 자체만으로 고급스러움을 풍기고 질감이 부드러워 누구나 좋아합니다. 또한 친환경 소재로 제작되어 가족의 건강까지 지킬 수 있습니다. 〈손뜨개 인테리어 소품〉에는 이러한 실을 활용해 심플하면서도 어디에든 매치하기 좋은 다섯 가지 컬러 위주로 만든 작품들을 담았습니다. 처음 손뜨개를 대했던 마음가짐으로 한 작품 한 작품 정성을 다했습니다.

제가 이 책을 만들며 느낀 행복을 여러분도 느낄 수 있었으면 합니다. 그리고 저의 뜨개질이 또 다른 누군가의 삶에 작은 마법을 걸어주길 기대해봅니다. 마지막으로 책 출간에 도움을 주신 '바늘 이야기' 선생님들과 점주님들께 감사의 인사를 전합니다.

송영예

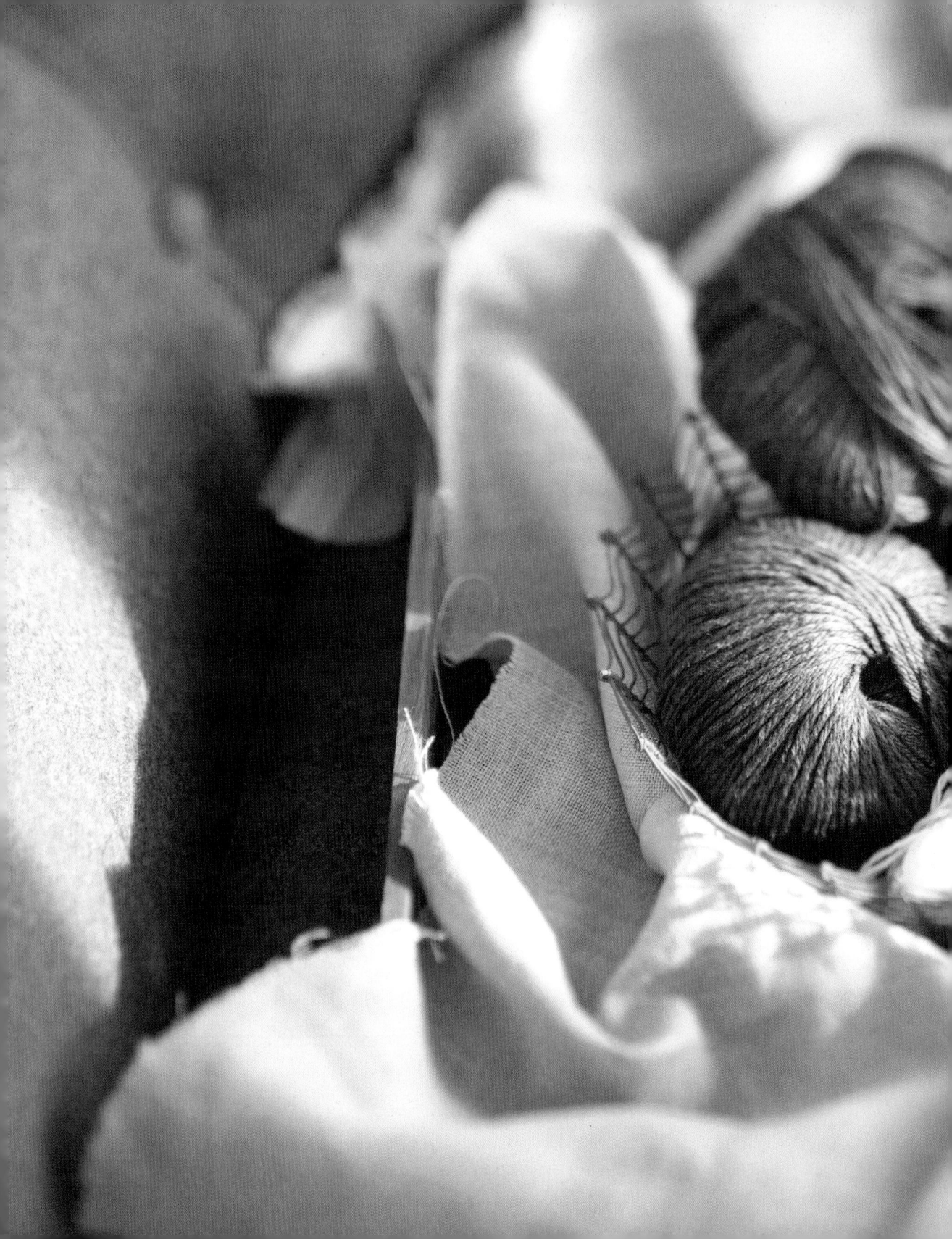

손뜨개를 시작하기 전에!

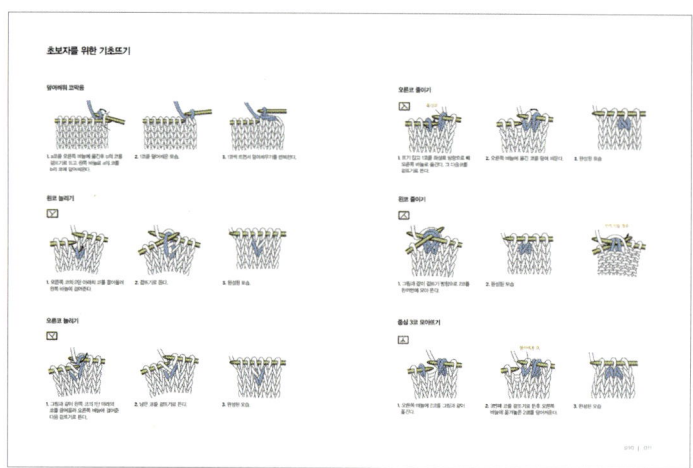

1. 먼저 기초 뜨개법을 공부합니다
본격적으로 뜨개질을 하기 전, 이 책에 쓰인 뜨개법을 공부합니다. 〈손뜨개에 필요한 도구〉, 〈초보자를 위한 기초뜨기〉 페이지를 참고하며 기초 부분을 확실히 익힌 후 작업을 시작하세요. 응용은 물론 시행착오 없는 즐거운 뜨개 시간이 될 거예요.

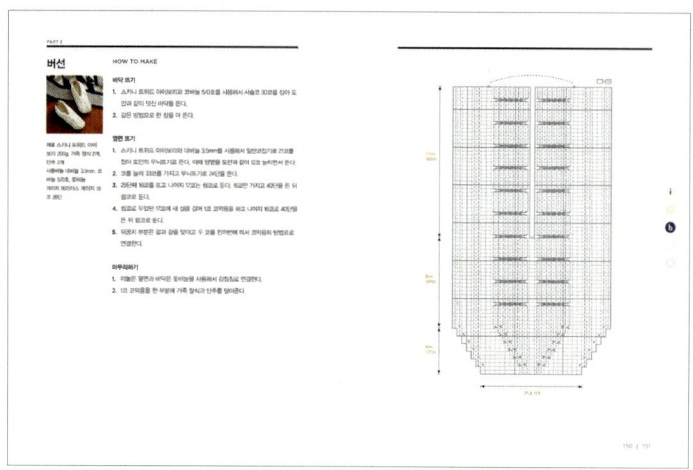

2. 도안과 과정 설명을 확인합니다
각 작품의 이름 옆에는 도안 페이지가 기록되어 있습니다. 마음에 드는 작품의 도안 페이지를 찾아 펼친 후 준비물과 작업 과정을 미리 확인해주세요. 그 후 과정과 도안에 따라 손뜨개를 시작하면 작업이 훨씬 수월해집니다.

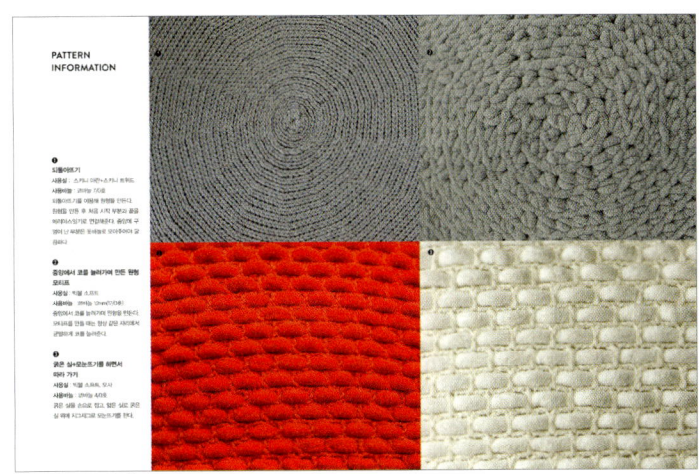

3. 〈PATTERN INFORMATION〉 페이지를 활용하세요

〈PATTERN INFORMATION〉 페이지에는 패턴 정보가 기록되어 있습니다. 패턴이 복잡하거나 크기가 큰 작품들 위주로, 패턴의 전체 스타일과 주요 뜨개 정보를 한눈에 확인할 수 있을 거예요. 크기가 큰 작품들의 완성된 전체 모양과 유의점도 한눈에 파악할 수 있습니다.

4. 각 작품의 데코레이션 방법을 주목하세요

이 책은 각 작품의 뜨개 방법은 물론, 한 작품을 여러 가지 스타일로 데코레이션 해 실용성을 더했습니다. 자신이 만든 작품을 특별하게 활용하고 싶다면 각 작품의 사진과 원고에 기록되어 있는 데코레이션 팁을 놓치지 마세요.

CONTENTS

006 **PROLOGUE** 일상에 작은 마법을 걸어주는 '행복 손뜨개'

012 손뜨개를 시작하기 전에!

PART 1 **BED ROOM**

018 체크무늬 이불+꽃잎 티슈 커버+마름모 선 쿠션+
덧신+발 매트 … p120+126+128·130+132+145

024 PATTERN INFORMATION

026 시계+빈백 의자+꽃무늬 쿠션 … p134+138+140

030 마름모 선 이불+쿠션+핀쿠션 … p142+146+148

034 PATTERN INFORMATION

036 부엉이 이불+러그+쿠션+축구공 … p150+163+152+156·158

042 꽈배기 이불+꽈배기 쿠션 … p160+164

044 PATTERN INFORMATION

PART 2 **LIVING ROOM**

048 정육면체 무릎담요+꽈배기 버선 … p168+170

050 별 모양 담요+덧버선 … p173+176

054 PATTERN INFORMATION

056 소프트 쿠션+소프트 이불 … p178+182

058 원형 러그+원형 쿠션 … p181+184

062 화이트 쿠션+반달 발 매트+스툴 커버 … p185+198+186

064 PATTERN INFORMATION

066 북유럽풍 러그+아이보리, 와인 조명 커버 … p196+190+194

070 PATTERN INFORMATION

PART 3 **LIVING ACCESSORIES**

BASIC LESSON

102 손뜨개에 필요한 도구

104 이 책에 사용된 실

106 초보자를 위한 기초뜨기

HOW TO MAKE 120

074 바구니+바늘 쌈지 ··· p200+204

078 화분 싸개 ··· p208+210

080 PATTERN INFORMATION

082 빅 백+스몰 백+토트백 ··· p212+216+220

086 휴대폰, 태블릿 케이스+티 매트 ··· p224+226+207

088 PATTERN INFORMATION

090 발 매트+슬리퍼 ··· p229+230

092 사각 바구니+액자 케이스 ··· p232+236

096 디퓨저 홀더+양초 홀더+컵 홀더 ··· p238·240+215·219·242+244

098 PATTERN INFORMATION

PART 1

BED ROOM

이불부터 쿠션, 러그, 매트, 시계까지
특별한 침실을 만드는 손뜨개 소품

체크무늬 이불+꽃잎 티슈 커버+마름모 선 쿠션+덧신+발 매트

리노베이션이나 홈 스타일링 없이 침실에 변화를 주고 싶다면 손뜨개로 만든 체크무늬 침구 세트를 추천한다. 각 소품의 컬러는 체크무늬 이불에 사용한 3가지 컬러를 활용해 통일성을 주자. 세트 손뜨개 작품을 만들 때는 컬러나 무늬 등 작은 것이라도 유사한 점이 있어야 정돈되어 보인다. 심플한 인테리어에는 유니크한 느낌을 주고 화려한 인테리어에는 고급스러운 분위기를 더하는 체크무늬 침구 세트. 유행을 타지 않아 한번 만들어두면 오랫동안 사용할 수 있는 실용적인 아이템이다.

Used Color: ● Black
● Gray

체크무늬 이불 ··· p120
가터뜨기한 네모 모티프를 엮어 이불을 만들었다. 정중앙부터 시작해 은은하게 마름모 선을 넣어 입체감을 살린 점이 포인트. 한 가지 무늬뜨기만 익히면 얼마든지 멋진 이불을 만들 수 있으니 초보자도 도전해볼 만하다.

꽃잎 티슈 커버 ··· p126
한 가지 컬러만 사용했지만 꽃잎을 연상시키는 무늬 덕에
아기자기함을 풍기는 티슈 커버.
침실은 물론 거실, 주방 등 집안 어디에 두어도 잘 어울린다.

마름모 선 쿠션(앞면) ··· p128·130

따뜻한 컬러에 부드러운 질감이 더해진 쿠션 몇 개만 있으면 침실 안이 봄 햇살처럼 포근해진다. 마름모 선 쿠션은 체크무늬 이불처럼 마름모 선을 은은하게 넣어 포인트를 주었고, 스키니 아란 실을 사용해 부드러운 촉감을 살렸다. 따뜻한 그레이 컬러가 침실에 포근함을 더한다.

마름모 선 쿠션(뒷면)

쿠션 뒷면은 단추로 마감했다. 한 가지 단추를 여러 개 달아 심플하게 만들어도 좋고, 다양한 모양과 컬러의 단추를 달아 경쾌한 스타일로 변신시켜도 좋다.

덧신 & 발 매트 ··· p132 & 145

여자라면 누구나 탐낼 만한 귀여운 덧신과 발 매트.
사랑스러운 덧신은 단추와 태그를 달아 아기자기함을
더했다. 발 매트에는 모티프가 무한 반복되는 이불과
달리, 모티프를 반으로 쪼개 넣어 세련미를 강조했다.

PATTERN INFORMATION

도미노뜨기

사용실 : 스키니 아란

사용바늘 : 대바늘 6mm

모티프를 따로 떠서 붙이는 것이 아니라 뜨면서 연결시키는 도미노뜨기 방법이다. 중심 3코 모으기를 할 때는 항상 같은 자리에서 이루어져야 모티프의 모양이 제대로 나온다. 배색을 넣는다면 마지막단 중심 3코 모으기를 할 때, 다음 모티프를 시작할 색상의 실로 바꿔 넣어야 깔끔하게 마무리된다.

시계+빈백 의자+꽃무늬 쿠션

집 안 어디에도 자신만을 위한 공간이 없어 못내 서운했다면 침실 한 모퉁이에 나만의 작은 공간을 만들어보는 건 어떨까? 침실 분위기와 잘 어우러지는 뜨개 소품을 활용하면 아지트 같은 아늑함을 더할 수 있다. 많은 것은 필요 없다. 편히 쉴 수 있는 빈백 의자와 쿠션, 벽걸이 시계만 있으면 충분하다.

Used Color: ● Gray
○ Ivory

시계 ··· p134
두께감 있는 원형 판만 있다면 누구든지 시계를 만들 수 있다. 메리야스뜨기로 시계 판을 만들고 숫자와 침 사이에 토션 레이스를 붙인다. 안 쓰는 시계를 리폼해도 좋고, 공예용으로 나온 저렴한 시계를 구매해서 사용해도 좋다.

빈백 의자 ··· p138
빈백 의자는 앉는 위치와 자세에 따라 다양한 모양으로 변신한다. 가터뜨기로 몸통을 만들어 코막음한 뒤 돗바늘로 꿰매면 완성. 책을 읽거나 낮잠을 자는 등 다양한 용도로 활용 가능하다.

꽃무늬 쿠션 ··· p140
꽃무늬를 심플하게 떠 넣은 원형 쿠션.
꽃잎 사이사이와 테두리에 선을 살려 무늬를
도드라지게 한다. 꽃잎 컬러에 맞춘 싸개 단추
장식은 쿠션의 포인트. 꽃잎을 제외한 부분은
아이보리 컬러로 마감해 산뜻함을 더했다.

Used Color: ● Black
● Red
● Gray
○ Ivory

마름모 선 이불+쿠션+핀쿠션

무심히 올려두기만 해도 고풍스러움을 풍기는 이불과 쿠션, 그리고 핀쿠션. 이불은 온 가족이 함께 사용할 수 있도록 넉넉한 크기로 만들어보자. 쿠션이나 핀쿠션은 허전한 공간을 채워줄 소품으로 활용해도 좋다. 늘 가족과 함께하는 물건이니 만큼 정성 들여 만들어보자.

마름모 선 이불(뒷면)

이불 뒷면의 모습이다. 마름모 선을 부각시켜 입체감을 살린 앞면에 비해 뒷면은 마름모 선이 부각되지 않아 부드럽고 잔잔한 느낌을 풍긴다.

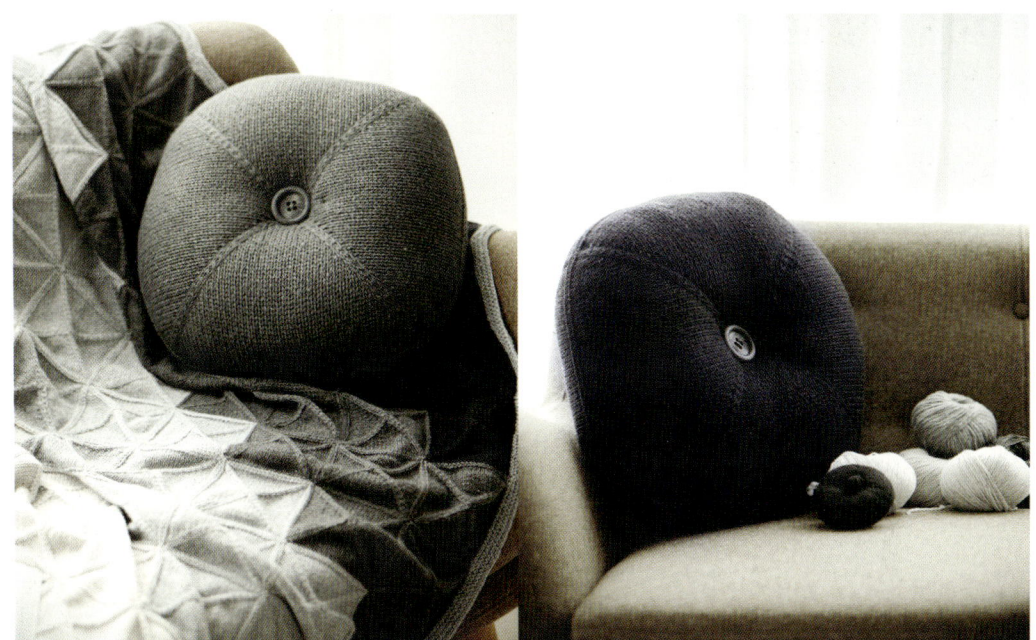

마름모 선 이불(앞면) & 쿠션 ··· p142 & 146

대각선 방향으로 점점 진해지는 컬러 배합이 마치 흘러가는 물결을
연상시키는 마름모 선 이불. 쿠션 역시 마름모 선을 넣어 통일감을 더했고
중앙에 단추를 달아 포인트를 주었다.

핀쿠션 ··· p148

쿠키 같이 작고 귀여운 핀쿠션은 정중앙에
매듭을 지어 사랑스러움을 더했다. 작지만
예쁘고 휴대하기도 편한 핀쿠션 하나로
손뜨개가 더욱 즐거워진다.

PATTERN INFORMATION

코를 늘려가며 만든 대바늘 무늬

사용실 : 스키니 트위드

사용바늘 : 대바늘 4mm

중앙에서부터 코를 늘려가며 만든 대바늘 무늬. 마지막 코막음단에서 코막음을 느슨하게 하거나, 굵은 바늘로 바꾸어 가며 만든다. 마지막에 시작 부분과 모티프를 연결시킨 부분을 돗바늘로 모아주어야 예쁜 무늬가 완성된다.

부엉이 이불+러그+쿠션+축구공

이불, 러그, 쿠션, 축구공이 아기자기하게 어우러진 아이 방 침구 세트다. 아이들 침구를 만들 때는 친환경 소재나 부드러운 극세사를 사용해 아이들의 여린 피부를 보호하자. 귀여운 부엉이 모양을 다양하게 활용해 재미를 살린 점이 포인트.

부엉이 이불 & 러그 … p150 & 163

북유럽 패턴의 단골손님, 부엉이 모티프를 활용해 만든 귀여운 아이 이불. 전체적으로 칸을 나누고 부엉이를 곳곳에 넣어 포인트를 주었다. 사이즈가 작아 어른도 무릎담요용으로 부담없이 사용할 수 있다. 극세사로 만든 레드 컬러의 매트는 조금 단조로워 보일 수 있는 아이 방에 활력을 불어넣어준다.

쿠션 ... p152

부엉이 모티프를 쿠션에 활용했다. 움직이는 꽈배기 패턴으로
부엉이 몸을 만들고 단추로 두 눈을 표현하자.
마지막으로 리본을 달아 앙증맞은 느낌을 더하면 완성.

i
r

g

축구공 ··· p156·158
굵은 극세사로 축구공을 만들어보는 건 어떨까? 블랙, 그레이, 레드, 화이트 컬러를 조화롭게 매치해 아기자기한 멋을 내보자. 인테리어 소품으로도, 집에서 안전하게 가지고 놀 장난감으로도 사용할 수 있으니 일석이조!

꽈배기 이불+꽈배기 쿠션 … p160·164

침실에 아늑함을 더하고 싶다면 아이보리 실로 독특한 꽈배기 모티프를 넣은 침구 세트를 만들어보자. 보기만 해도 편안한 아이보리 컬러는 어떤 인테리어에나 무난하게 잘 어울린다. 하지만 별다른 포인트가 없으면 금방 지루해지기 마련. 이럴 땐 독특한 모티프를 넉넉하게 넣어 단조로움을 피하자. 이불에는 교차되는 꽈배기 모티프를 풍성하게 넣고, 쿠션은 꽈배기 모티프 사선 방향으로 한 줄만 넣어 같지만 다른 세트 느낌을 연출했다. 사이즈를 작게 만들어 작은 창이나 벽에 걸어 장식해도 멋스럽다.

Used Color: Ivory

PATTERN INFORMATION

1코씩 위치를 바꿔가며 교차뜨기

사용실 : 스키니 아란

사용바늘 : 대바늘 6mm

교차뜨기를 응용해 만든 부엉이 무늬. 교차뜨기 할 때 1코씩
위치를 바꾸어가며 뜬다.

교차뜨기
사용실 : 스키니 아란
사용바늘 : 대바늘 6mm
이동하면서 교차뜨기 해 만든 꽈배기 무늬.

PART 2

LIVING ROOM

담요, 덧버선, 스툴 커버, 러그, 조명 커버 등
거실 바닥이나 테이블 위에 그냥 올려두기만 해도
멋스러운 아이템

Used Color: Gray, Blue, Ivory

별 모양 담요+덧버선

가볍게 앉아 차를 마시거나 책을 읽을 때 무릎담요로 활용하기 좋은 별 모양 담요, 그리고 차가운 발을 따뜻하게 해줄 덧버선 세트다. 마치 각각 다른 다이아몬드 모티프가 모여 하나의 별이 된 듯한 느낌으로 디자인 했다. 색다른 감각의 담요로 거실 분위기를 고급스럽게 변신시켜보자.

Used Color: ● Gray ○ Blue

별 모양 담요 ··· p173

사계절 모두 잘 어울리는 별 모양 담요. 다이아몬드 모티프를 연결해가며 만들었다. 자연스러운 대바늘 조직이 포근함을 느끼게 하고, 낮은 채도의 블루와 그레이 컬러가 세련된 느낌을 더해준다.

덧버선 ··· p176

쌀쌀한 늦가을이나 겨울철, 바닥이 차갑게 느껴질 때 필요한 덧버선이다.
뒤꿈치 부분을 위로 길게 뜬 다음 가죽을 덧대 신고 벗기 편리하게
만들어보자. 가족의 발 사이즈에 맞추어 똑같은 디자인으로 하나씩 떠보는 건
어떨까. 무난한 컬러와 패턴으로 부담없이 신을 수 있어 모두가 좋아할
것이다.

PATTERN INFORMATION

다양한 컬러로 배색하기

사용실 : 스키니 트위드

사용바늘 : 대바늘 4.5mm

메리야스뜨기를 이용해 컬러를 섞어 뜨며 배색하는 방법. 배색 방법에는 실을 걸치지 않고 배색 실끼리 X 모양으로 꼬아주는 배색법과, 배색을 할 때마다 실을 걸쳐주며 배색하는 방법이 있다. 첫 번째 방법이 좀 더 깔끔하게 배색되지만 배색 실끼리 잘못 연결하면 구멍이 생길 수도 있다. 두 번째 방법은 실을 적당히 늘려주어야 뜨개 조직이 울지 않고 배색이 예쁘게 나온다.

메리야스뜨기를 이용한 다이아몬드 모티프

사용실 : 스키니 아란
사용바늘 : 대바늘 6mm

다이아몬드 모양의 모티프를 연결해가며 만든다. 모티프끼리는 너무 꽉 쪼이지 않도록 자연스럽게 연결해야 전체적인 모양이 예쁘게 나온다.

소프트 쿠션+소프트 이불 ··· p178+182

특별한 무늬나 기법 없이 그 자체만으로 고급스러움을
풍기는 극세사는 질감이 부드러워 누구나 좋아한다.
이불은 다크 그레이 컬러의 굵은 실과 블랙 컬러의
얇은 실을 함께 사용해 입체감을 살렸다.
각 쿠션은 한 가지 컬러를 사용했지만 앞면은 굵은 실을,
뒷면은 얇은 실을 사용해 각각 다른 느낌을 주었다.
분위기를 바꾸고 싶을 때 방향을 바꿔가며
데코레이션 해도 좋을 듯.

Used Color: ● Black ○ Red
● Gray ○ Ivory

원형 러그+원형 쿠션

대부분 네모 모양으로 이루어진 거실 가구에 원 모양의 러그와 쿠션을 매치하면 좀 더 부드러운 분위기를 낼 수 있다. 소파 앞 혹은 가족이 모이는 자리에 놓아두기 좋은 러그와 쿠션은 만들기도 간단해 초보자도 쉽게 따라 할 수 있다. 무엇보다 사계절 내내 집 안을 세련되게 만드는 아이템이 될 것이다.

원형 러그 ··· p181
간편하게 만들고 세탁할 수 있는 원형 러그. 쌀쌀한 계절에 온기를 줄 수 있는 것은 물론, 바닥이 허전해 보일 때 깔아두기에도 부담스럽지 않다. 너무 크게 만들면 러그가 아닌 카펫처럼 보일 수 있으니 거실 사이즈와 가족 수에 맞추어 적당한 크기로 만들자. 다양한 무늬를 더해 개성 있는 디자인으로 완성해도 좋다.

원형 쿠션 ··· p184
한번 품에 안으면 절대 놓고 싶지 않은 가볍고 부드러운 원형 쿠션이다. 굵은 바늘을 사용해 코를 늘려가며 만든 뒤 솜을 풍성하게 넣으면 완성. 허전한 공간을 센스 있게 채워줄 소품으로 사용해도 좋을 듯.

화이트 쿠션+반달 발 매트+스툴 커버 ... p185+198+186

군더더기 없는 심플한 디자인을 선호하는 사람들이 많아지는 요즘, 인테리어 소품 역시 깔끔하고 고급스러운 스타일이 주목받고 있다. 화이트 컬러만을 사용해 만든 원형 쿠션과 반달 모양 발 매트, 그리고 진한 그레이 스툴 커버는 이러한 디자인에 가장 잘 어울리는 아이템이다. 화려하진 않지만 그 자체만으로 눈길을 끄는 충분한 멋을 가지고 있어 오랫동안 실용적으로 사용할 수 있다. 화이트 컬러가 너무 단조롭게 느껴진다면 자신이 좋아하거나, 집 안 분위기에 잘 어울리는 컬러를 선택해 만들어보자.

PATTERN
INFORMATION

❶ 되돌아뜨기

사용실 : 스키니 아란+스키니 트위드

사용바늘 : 대바늘 7mm

되돌아뜨기를 이용해 원형을 만든다. 원형을 만든 후 처음 시작 부분과 끝을 메리야스잇기로 연결해준다. 중앙에 구멍이 난 부분은 돗바늘로 모아주어야 깔끔하다.

❷ 중앙에서 코를 늘려가며 만든 원형 모티프

사용실 : 빅볼 소프트

사용바늘 : 코바늘 12mm(17/0호)

중앙에서 코를 늘려가며 원형을 만든다. 모티프를 만들 때는 항상 같은 자리에서 균일하게 코를 늘려준다.

❸ 굵은 실+모눈뜨기를 하면서 따라 가기

사용실 : 빅볼 소프트, 모사

사용바늘 : 코바늘 4/0호

굵은 실을 손으로 잡고, 얇은 실로 굵은 실 위에 지그재그로 모눈뜨기를 한다.

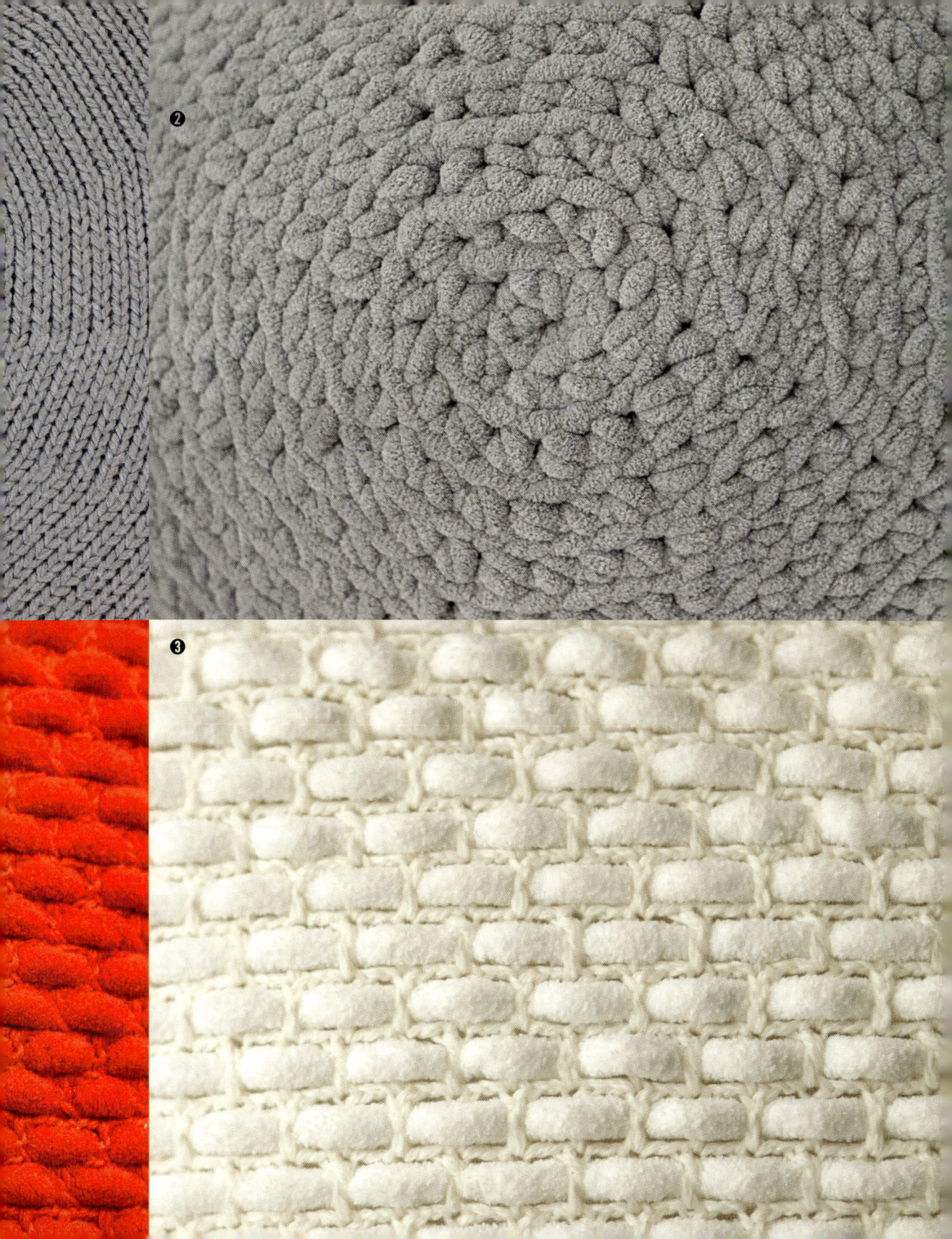

북유럽풍 러그+아이보리, 와인 조명 커버

경쾌한 레드 컬러로 만든 러그와 조명 커버로 단조로운 공간에 포인트를 주자. 레드 컬러가 왠지 부담스럽다면 화이트와 블루 컬러를 적절히 배합해 만드는 것도 좋은 방법. 뜨개실로 만든 예쁜 소품 하나가 때론 생활에 활력을 줄 것이다.

Used Color: ● Black ○ Red
● Gray ○ Ivory

아이보리 조명 커버 … p190

조명도 커버에 따라 다양한 모습으로 변신할 수 있다. 조명 갓이 사선 모양이면 꽈배기 모양을 세로 방향으로 넣어보자. 꽈배기 사이로 나오는 은은한 빛이 편안함을 느끼게 해준다.

와인 조명 커버 … p194

천장에 다는 둥근 모양의 조명은 눈에 띄는 컬러를 사용하면 단조로운 공간에 포인트가 된다. 다양한 컬러를 입은 작은 조명을 여러 개 달아 모빌처럼 장식해도 좋다.

PATTERN INFORMATION

짧은뜨기 배색을 이용한 북유럽 무늬 ⋯ p196

사용실 : 스키니 아란

사용바늘 : 코바늘 7/0호

짧은뜨기를 반복하며 배색을 만들어내는 무늬. 코의 줄임과 늘림을 정확한 위치에서 해주어야 무늬가 예쁘게 나온다.

PART 3

LIVING ACCESSORIES

가방부터 테블릿 케이스, 발 매트, 바구니, 액자까지
자꾸 끌리는 특별한 멋을 가진 리빙 소품

바구니+바늘 쌈지

잡다한 물건들을 깔끔하게 정리, 정돈할 수 있는 바구니는 여러 개 만들어두어도 좋다. 다양한 수납이 가능하도록 여러 가지 크기로 만들어보자. 만약 뜨개실을 정리할 목적으로 만들었다면 바늘 쌈지를 세트로 만들어도 멋스럽다. 거기에 자신을 상징하는 독특한 라벨을 붙이면 시중에 나와 있는 뜨개 도구 세트 못지않은 훌륭한 작품이 될 것이다.

Used Color: Ivory

바구니 ... p200

집 안에 있는 상자에 손뜨개로 만든 커버를 씌우면 웬만한 인테리어 소품 못지않은 멋스러운 바구니로 재탄생한다. 어느 장소에 잘 어울리는 베이지 컬러의 실로 사선을 이동하는 꽈배기 무늬를 넣어주면 완성. 무늬를 넣을 때는 한 코씩 엇갈려가며 교차뜨기를 해준다.

바늘 쌈지 ··· p204

바늘 쌈지는 다양한 도구들을
수납할 수 있도록 용도에 맞게
칸을 나누고 레이스로
마무리한다. 마치 큼직한
다이어리처럼 3단으로 접을 수
있어 휴대하기에도 간편하다.

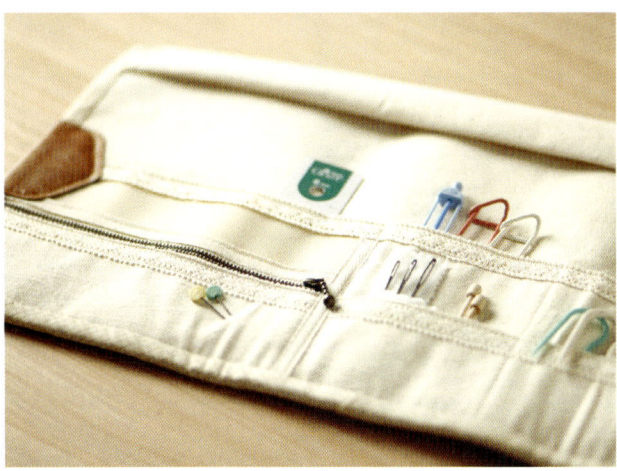

화분 싸개 ··· p208·210

보기만 해도 기분이 좋아지는 푸른 잎 식물은
집 안 분위기를 산뜻하게 바꿀 수 있는
아이템이다. 특히 큰 식물로 집 안을 장식할
때는 화분의 컬러가 중요한데, 복잡한
컬러보다는 푸른 잎을 더욱 돋보이게 하는
아이보리 컬러가 제격이다. 대신 다양한 패턴을
사용해 단조로움을 피하자. 아이보리 톤의 실로
패턴뜨기를 해 화분 싸개를 만들고, 옆선을
돗바늘로 연결해 마무리한 뒤 창가에 놓아보자.
창을 통해 들어오는 햇살이 푸른 잎을 더욱
싱그럽게 만들고 화분 싸개의 무늬를 돋보이게
할 것이다.

Used Color: ○ Ivory

PATTERN INFORMATION

❶, ❷
교차뜨기

사용실 : 스키니 아란
사용바늘 : 대바늘 6mm

교차뜨기의 응용무늬다. 정확한 위치에서 교차뜨기를 해주는 것이 포인트.

❸
한 코씩 엇갈려 교차뜨기

사용실 : 스키니 트위드

사용바늘 : 대바늘 4mm

한 코씩 엇갈려 교차뜨기를 하면서 만든 무늬. 도안에 따라 정확한 위치에서 교차뜨기를 해주자.

빅 백+스몰 백+토트백

뜨개질은 아기자기하고 섬세한 생활 소품을 만들기에 안성맞춤이다. 특히 생활 필수품인 가방은 손재주가 없는 사람도 쉽게 도전해볼 만한 아이템. 교차뜨기, 꽈배기가 아닌 묶는 기법의 새로운 무늬뜨기로 가방을 만들고 가죽 손잡이를 달아 모던하고 세련된 느낌을 강조하자. 심플하지만 디자인이 멋스러워서 데일리 백으로 손색없다.

Used Color: ○ Gray
● Ivory

빅 백 ... p212

대바늘과 코바늘, 돗바늘을 사용해 묶는 기법의 무늬뜨기로 완성한 빅 백. 브로치나 뱃지를 매치하면 더욱 스타일리시한 느낌을 줄 수 있다. 평소에는 벽 한쪽에 걸어두면 예쁜 소품으로 변신한다.

빅 백 & 스몰 백 & 토트백(옆면)

가방의 옆면은 짧은뜨기를 이용해 앞면이 조직이 잘 살도록 포인트를 주었다.

스몰백 & 토트백 … p216 & 220

앙증맞은 스몰 백은 옅은 그레이 컬러에 아이보리 실로 스티치를 놓아
아기자기함을 더했다. 바닥을 삼각형 모양으로 접어 넣은 상태에서 꿰맨 뒤 몸판과
옆면에 잘 맞추어 짧은뜨기로 완성. 여자라면 누구나 좋아할 만한 귀여운 가방이다.
무늬가 포인트인 토트백은 앞과 옆면의 컬러를 다르게 만들어 세련됨을 더했다.
앞면과 옆면을 연결할 때 이음 부분을 살짝 굴려준 것이 포인트. 특별한 날 친구나
부모님께 선물하기 좋은 아이템이다.

휴대폰, 태블릿 케이스+티 매트 … p224+226+207

커피 한잔과 휴대폰 그리고 노트북. 카페에서 보내는 여유로운 오후를 떠올리며 테이블 세트를 만들어보자. 굵은 극세사를 이용해 만든 휴대폰과 태블릿 케이스는 심플한 디자인에 가볍게 들고 다닐 수 있어 여자라면 누구나 하나쯤 가지고 싶은 '머스트 해브 아이템'이다. 티 매트(컵받침)는 태그와 단추를 달아 개성을 더했다. 각 소품에 많은 컬러를 사용하지 않아 함께 두어도 조잡스럽지 않고 오히려 멋스러워 보인다.

Used Color: ● Black
● Gray
● Red

PATTERN INFORMATION

❶

❷

굵은실+모눈뜨기를 하면서 따라가기

사용실 : 빅볼 소프트, 모사

사용바늘 : 코바늘 4/0호

굵은 실을 손으로 잡고, 얇은 실로 굵은 실 위에 지그재그로 모눈뜨기를 한다.

❶, ❸, ❹
겉뜨기+안뜨기
사용실 : 스키니 트위드
사용바늘 : 대바늘 3.5mm
겉뜨기와 안뜨기를 이용해 무늬 조직을 떠준 뒤 스티치를 해 또 다른 무늬를 만들어낸다.

발 매트+슬리퍼 ··· p229+230

보기만 해도 부드러운 감촉이 전달되는 발 매트와 슬리퍼 세트. 극세사 자체가 부드럽고 볼륨감이 있기 때문에 두껍게 뜨거나 덧대어 뜨지 않아도 좋다. 슬리퍼는 바닥에 고무 슬리퍼 바닥을 넣어 볼륨감을 주고, 윗부분은 리본 모양으로 뜬 뒤 고리를 만든다. 단추와 태그는 디자인 감각을 살리는 요소. 정성스럽게 떠서 마음을 전하고 싶은 이에게 선물하면 더욱 좋을 아이템이다.

Used Color: ○ Black
● Gray

사각 바구니+액자 케이스

단순한 소품도 어떻게 활용하고 배치하느냐에 따라 달리 보인다. 그 대표적인 예가 심플한 사각 바구니인데, 심플한 사각 바구니도 크기와 컬러를 다양하게 만들어 함께 모아놓으면 훌륭한 인테리어 소품으로 변신한다. 그림이나 사진은 액자 안에 끼워 넣지 말고 비슷한 위치에 따로 붙여보자. 마치 유럽의 한 카페에 온 듯 감각적이고 멋스러운 분위기를 연출할 수 있다.

Used Color: ○ Gray

사각 바구니 ··· p232

소품을 정리하는 바구니 혹은 가방으로도 사용할 수 있는 사각 바구니.
바닥 부분과 옆면을 따로 뜬 뒤 짧은뜨기로 연결해 만들었다.
위쪽에 손잡이를 연결해 벽걸이 바스켓으로 사용하자.
일자로 쌓으면 공간 절약도 가능하다.

액자 케이스 ··· p236

군더더기 없이 심플하고 모던한 액자 케이스는 짧은뜨기, 긴뜨기, 한길긴뜨기로 자연스럽게 늘림을 하며 만든다. 너무 단조로워 보인다면 작은 액세서리를 달아 아기자기한 재미를 더하자.

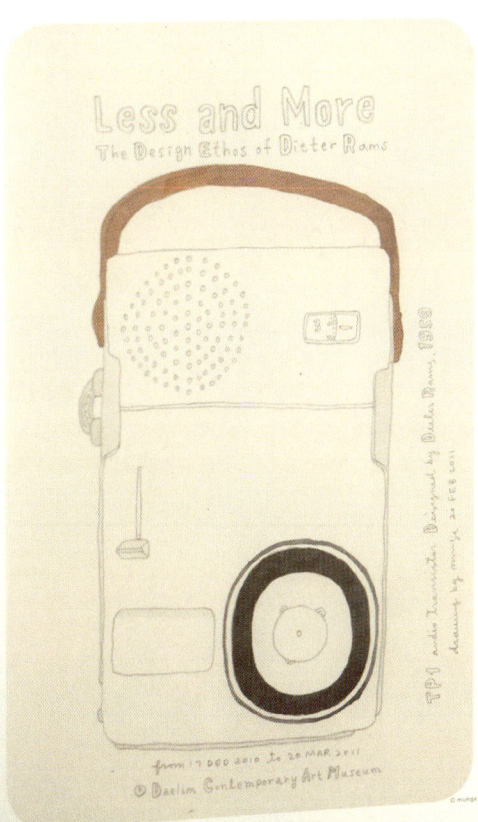

디퓨저 홀더+양초 홀더+컵 홀더

··· p238·240+215·219·242+244

값비싼 주방 가구가 아니라 잘 짜인 뜨개 소품만으로도 고급스러운 주방 분위기를 연출할 수 있다. 가장 쉬운 방법은 디퓨저와 양초, 컵에 씌울 홀더를 만드는 것. 병 모양에 맞는 라인 연출이 중요한 디퓨저 홀더는 안뜨기와 겉뜨기를 번갈아 하며 뚜껑 부분과 몸통 부분을 자연스럽게 연결해주자. 좀 더 크게 만들어 물병 워머로 사용해도 좋다. 은은하고 편안함을 주는 양초 홀더는 불을 붙였을 때 뜨개 조직이 빛에 반사될 수 있도록 짜임이 성근 뜨개법으로 뜬다. 컵 홀더는 겨울철 보온을 위한 워머 용도로도 사용할 수 있다. 컵에 다양한 컬러의 홀더를 입힌 뒤 주방 벽면에 멋스럽게 걸어도 좋을 듯.

Used Color:
- Gray
- Red
- White

PATTERN INFORMATION

❶, ❷, ❸

교차뜨기

사용실 : 스키니 트위드

사용바늘 : 대바늘 3.5mm

교차뜨기의 응용 무늬다. 교차뜨기가 엇갈려 있으니 정확한 위치에 뜨기를 해준다.

❹

코를 일정하게 늘려가며 만든 원형무늬

사용실 : 스키니 트위드

사용바늘 : 코바늘 5/0호

원형코를 만든 후 코를 일정하게 늘려가는 원형무늬다. 같은 자리에서 코를 늘려야 원형 모양이 나온다.

❺

교차뜨기+겉뜨기, 안뜨기

사용실 : 스키니 트위드

사용바늘 : 대바늘 3.5mm

교차뜨기의 응용 무늬다. 위치를 확인하면서 교차뜨기를 해준다.

❻

사슬뜨기+짧은뜨기

사용실 : 스키니 트위드

사용바늘 : 코바늘 5/0호

사슬뜨기와 짧은뜨기로 만든 무늬.

BASIC LESSON

손뜨개 도구, 실, 기본뜨기 방법까지
손뜨개의 기초 꼼꼼히 확인하기

손뜨개에 필요한 도구

1. 대바늘(막대바늘)
긴 것과 짧은 것이 있으며 한쪽을 막아놓은 것도 있다. 주로 대나무 재질의 대바늘을 사용하지만 최근에는 경금속제나 플라스틱제로 많이 나온다. 요즘은 줄로 이어진 바늘을 일반적으로 더 많이 사용한다. 바늘의 굵기는 0호에서 15호까지 있으나, 우리나라에서는 주로 mm로 표기를 한다. 단위는 2mm~12mm까지 0.5mm단위로 나온다. 뒤가 막힌 바늘의 경우 평뜨기 왕복을 할 때 사용하고, 뒤가 막히지 않은 바늘은 원형뜨기(둘레뜨기)를 할 때 4개를 같이 사용한다.

2. 단수표시기
뜨개 조직을 뜰 때 어느 정도 진행을 했는지 체크할 수 있는 도구. 한 단을 뜰 때마다 버튼을 눌러주면 숫자가 기록되어 완성 후 따로 단수를 세지 않아도 된다.

3. 게이지 자
뜨개 조직에 올려놓고 가로, 세로 10cm를 재어 게이지를 체크할 수 있다. 자에 뚫려 있는 구멍은 바늘의 굵기를 체크할 수 있는 도구다.

4. 단수 표시링(옷핀형)
단을 표시할 때 쓴다. 옷핀 형태와 링 형태 두 가지가 있다.

5, 6. 안전핀
코가 풀리는 것을 방지하기 위한 핀으로, 어깨 코를 뜨지 않을 때 이 핀에 옮겨두면 코가 빠지지 않는다.

7. 돗바늘
뜨개 조직 두 개를 꿰매어 연결할 때나 마무리할 때 쓰는 도구. 바늘 끝은 동그란 것이 사용하기 좋다. 털실 굵기에 따라 굵기를 달리 사용한다.

8. 시침핀(고정핀)
털실로 뜬 조직에 맞도록 바늘 끝이 둥글게 되어 있는 뜨개질용 바늘이다. 소매를 붙일 때 몸판에 소매를 고정하거나, 편물 다림질을 할 때 편물을 잡아서 고정하는 용도로도 사용한다.

9. 고무모자(고무마개)
대바늘 끝에 끼워 코가 빠지지 않도록 하는 데 사용한다. 뜨다 만 뜨개 조직을 보관할 때 이 고무모자를 꽂아 놓으면 코가 빠지지 않는다.

10, 11. 꽈배기 바늘(교차뜨기 바늘)
코가 빠지지 않도록 중간에 굴곡이 있다. 플라스틱제, 금속제가 있으며 꽈배기뜨기(교차뜨기)를 할 때 코가 빠지지 않도록 잡아주는 역할을 한다. 뜨개 바늘과 비슷한 굵기를 사용하면 된다.

12. 단수 표시링(고리형)
단을 표시할 때 쓴다. 옷핀 형태와 링 형태 두 가지가 있다.

▼ 스키니 트위드, 스키니 아란　　　　　　　▼ 빅볼 소프트

이 책에 사용된 실

이 책에는 3가지 종류(빅볼 소프트, 스키니 트위드, 스키니 아란)의 실을 사용했습니다. 컬러는 블랙, 그레이, 레드, 블루, 화이트를 기준으로 각 컬러에 해당하는 다양한 채도의 실도 함께 활용했습니다. 지금부터 이 책에 사용된 실의 특징과 정보를 자세히 소개합니다.

스키니 트위드, 스키니 아란

패브릭 용도로 가볍고 적당한 힘이 있어 크고 작은 소품에 모두 유용하게 사용된다. 트위드와 아란, 두 가지 굵기의 형태로 나뉘어 있으니 디자인과 작품의 사이즈, 용도에 따라 골라 사용하면 된다.

· 스키니 트위드

사용바늘: 스키니 트위드 대바늘 3.5~4mm, 코바늘 4/0~5/0호

가격: 5천 원(1볼 50g 기준)

대체 가능한 실: 스키니 트위드와 같은 굵기의 방모계열 실은 모두 가능

· 스키니 아란

사용바늘: 대바늘 6~7mm, 코바늘 7/0~8/0호

가격: 1만 원(1볼 100g 기준)

대체 가능한 실: 스키니 트위드와 같은 굵기의 방모계열 실은 모두 가능

빅볼 소프트

손뜨개용 실로는 두께가 가장 두꺼운 실로 수면양말을 만드는 극세사 타입의 폴리에스테르 원사를 사용해 만들었다. 촉감이 부드럽고 볼륨감이 있어 손뜨개 실에 익숙하지 않은 초보자들도 부담 없이 다룰 수 있다.

사용바늘: 대바늘 12mm 이상, 코바늘 12mm(17/0호 이상)

가격: 1만 5천 원(1파운드 400g 기준)

대체가능한 실: 국내엔 없음

빅볼 소프트 실을 이용한 뜨개 방법을 자세히 알고 싶다면 QR 코드를 클릭!

초보자를 위한 기초뜨기

일반코잡기

1
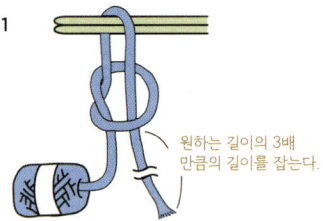
원하는 길이의 3배 만큼의 길이를 잡는다.

2
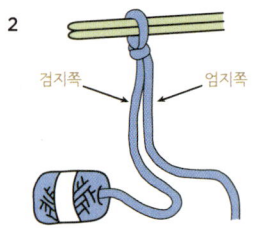
검지쪽   엄지쪽

3
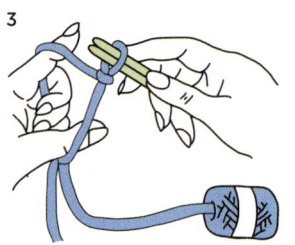
엄지와 검지를 이용하여 모양을 잡는다.

4
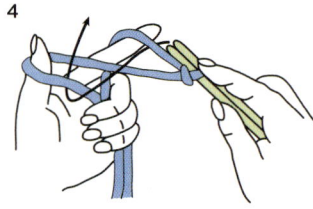
화살표 방향으로 바늘을 넣어준다.

5
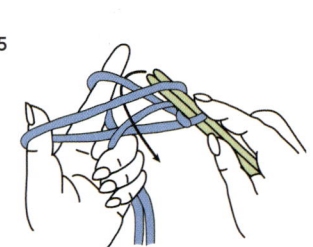
검지 쪽의 실을 바늘에 걸어 엄지 쪽으로 빼낸다.

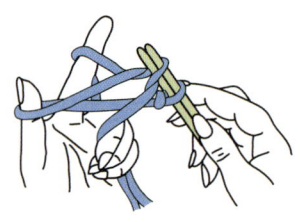

6
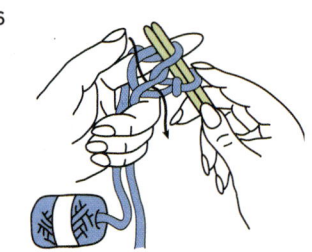
엄지를 빼내고 잡아당겨주면 코가 만들어진다. 화살표 방향으로 다시 엄지를 넣어준다.

7
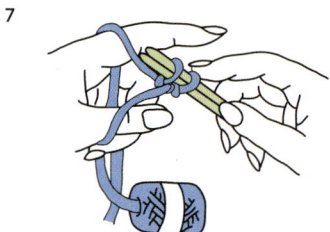
4번부터 6번까지 반복하여 원하는 만큼의 코를 만든다.

겉뜨기

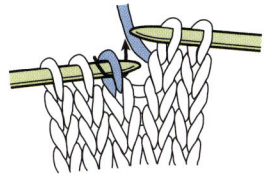
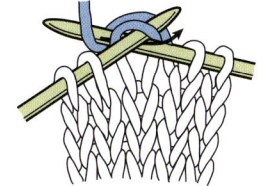
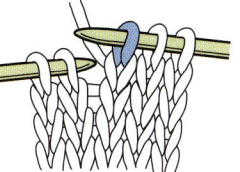

1. 화살표 방향으로 바늘을 넣어준다.
2. 실을 바깥쪽에서 안쪽으로 감아 화살표 방향으로 빼낸다.
3. 완성된 모습.

안뜨기

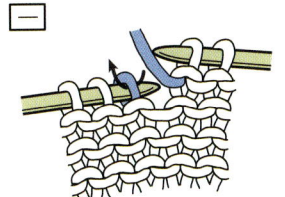
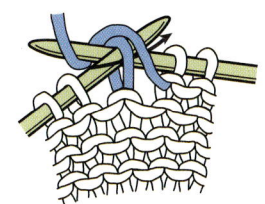
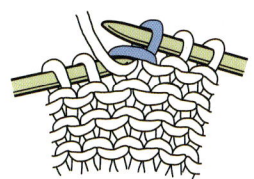

1. 화살표 방향으로 바늘을 넣어준다.
2. 실을 바깥쪽에서 안쪽으로 감아서 화살표 방향으로 빼낸다.
3. 완성된 모습.

감아코 만들기

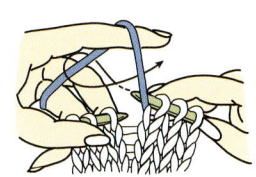
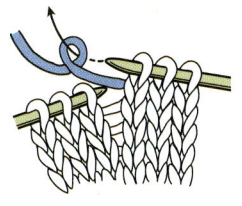
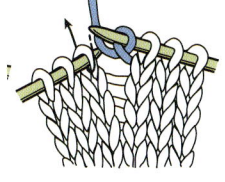
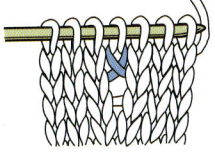

1. 그림과 같이 손가락에 실을 걸어준 후 화살표 방향으로 실을 꼬아준다.
2. 실을 꼬아준 후 오른쪽 바늘에 걸어준다.
3. 다음 코를 겉뜨기로 뜬다.
4. 완성된 모습.

왼코 줄이기

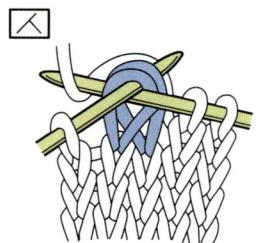

1. 그림과 같이 겉뜨기 방향으로 2코를 한꺼번에 모아 뜬다.

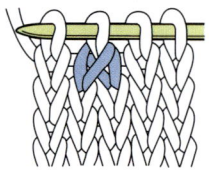

2. 완성된 모습.

안뜨기일 경우

오른코 줄이기

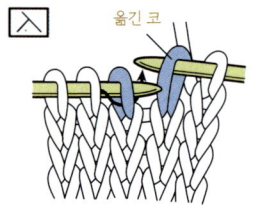

옮긴 코

1. 뜨지 않고 1코를 화살표 방향으로 빼 오른쪽 바늘로 옮긴다. 다음 코를 겉뜨기로 뜬다.

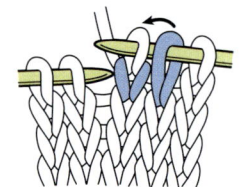

2. 오른쪽 바늘에 옮긴 코를 덮어 씌운다.

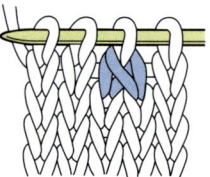

3. 완성된 모습.

왼코 늘리기

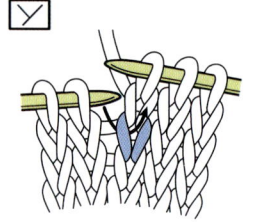

1. 오른쪽 코의 2단 아래의 코를 끌어올려 왼쪽 바늘에 걸어준다.

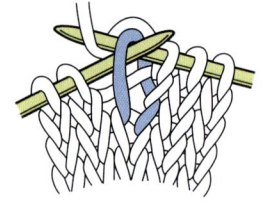

2. 겉뜨기로 뜬다.

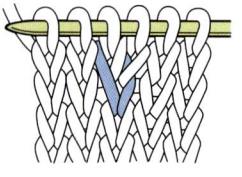

3. 완성된 모습.

오른코 늘리기

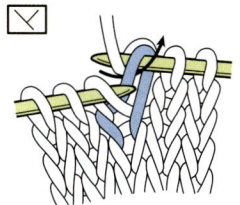
1. 그림과 같이 왼쪽 코의 1단 아래에 있는 코를 끌어올려 오른쪽 바늘에 걸어준 다음 겉뜨기로 뜬다.

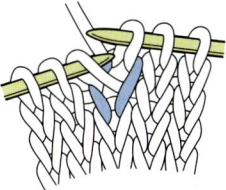
2. 남은 코를 겉뜨기로 뜬다.

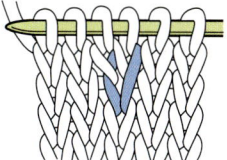
3. 완성된 모습.

중심 3코 모아뜨기

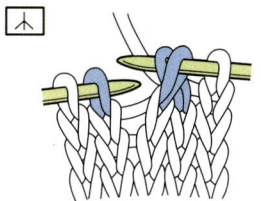
1. 오른쪽 바늘에 2코를 그림과 같이 옮긴다.

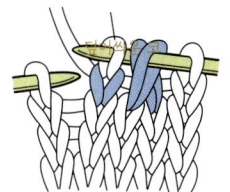
2. 3번째 코를 겉뜨기로 뜬 후 오른쪽 바늘에 옮겨놓은 2코를 덮어씌운다.

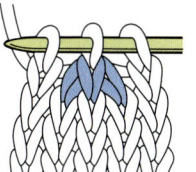
3. 완성된 모습.

3코 변형 교차뜨기

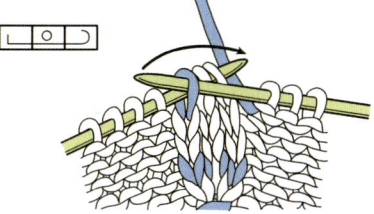
1. 3번째에 바늘을 집어 넣어 화살표 방향으로 오른쪽 두코에 덮어씌운다.

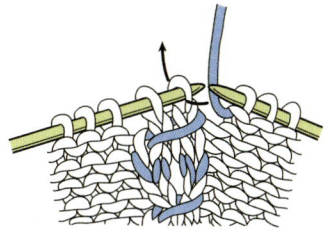
2. 덮어 씌운 바늘을 빼고 첫 번째 코를 겉뜨기한다.

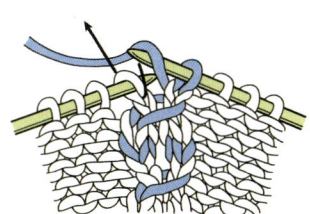
3. 오른쪽 바늘에 실을 걸어주고 두번째 코를 겉뜨기한다.

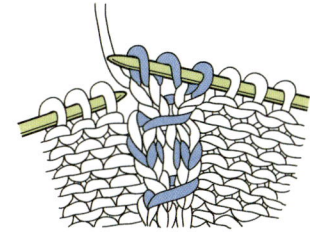
4. 완성된 모습.

되돌아뜨기 – 오른쪽 아래로 경사

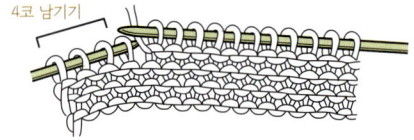

1. 1단째에서 그대로 뜨다가 4코를 남긴다.

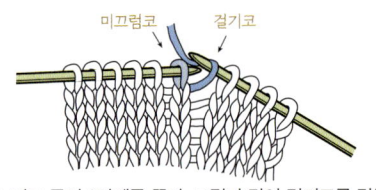

2. 뒤로 돌려 2단째를 뜬다. 그림과 같이 걸기코를 만든다. 미끄럼코는 뜨지 않고 오른쪽 바늘로 옮겨준다.

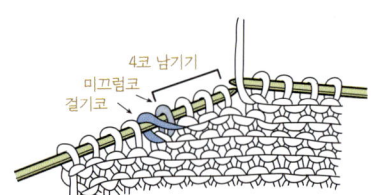

3. 3단째에서 다시 4코를 남긴다.

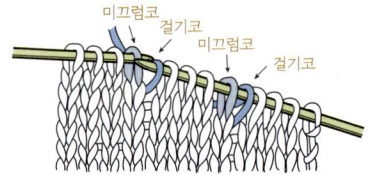

4. 2번째 단과 같은 방법으로 걸기코를 만들고 미끄럼코는 뜨지 않는다. 같은 방법으로 6단째까지 뜬다.

3. 그림과 같이 코의 위치를 바꾸어준 후 2코를 한꺼번에 뜨면서 정리단을 뜬다.

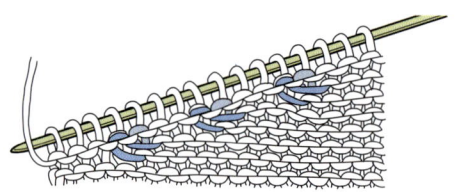

4. 완성된 모습.

되돌아뜨기 – 왼쪽 아래로 경사

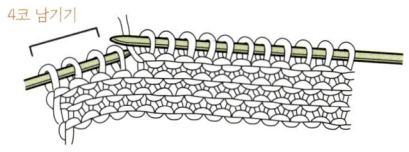

1. 1단째에서 그대로 뜨다가 4코를 남긴다.

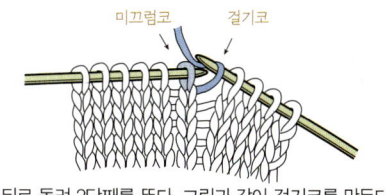

2. 뒤로 돌려 2단째를 뜬다. 그림과 같이 걸기코를 만든다. 미끄럼코는 뜨지 않고 오른쪽 바늘로 옮겨준다.

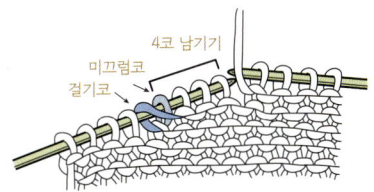

3. 3단째에서 다시 4코를 남긴다.

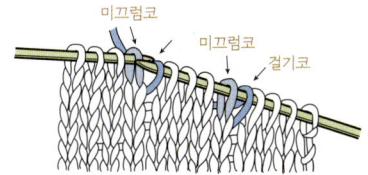

4. 2번째 단과 같은 방법으로 걸기코를 만든다. 미끄럼코는 뜨지 않고, 같은 방법으로 6단째까지 뜬다.

5. 그림과 같이 2코를 한꺼번에 뜨면서 정리단을 뜬다.

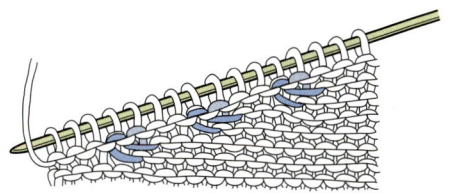

6. 완성된 모습.

덮어씌워 코막음

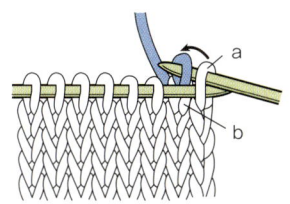

1. a코를 오른쪽 바늘에 옮긴후 b의 코를 겉뜨기로 뜬다. 왼쪽 바늘로 a의 코를 b의 코에 덮어씌운다.

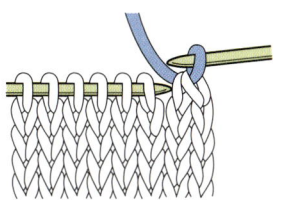

2. 1코를 덮어씌운 모습.

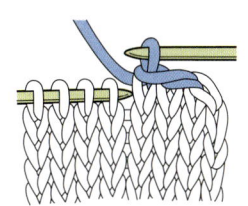

3. 1코씩 뜨면서 덮어씌우기를 반복한다.

대바늘로 떠서 잇기

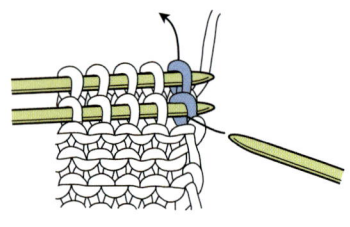 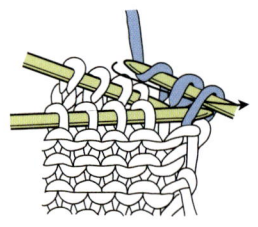 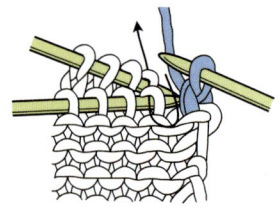

1. 뜨는 편물 둘을 뒤로 합하여 화살표 방향으로 바늘을 넣어준다.
2. 겉뜨기로 떠서 화살표 방향으로 빼낸다.
3. 1, 2번과 같은 방법으로 뜬 다음 2코가 되면 덮어씌우기의 방법으로 뜬다. 같은 방법으로 반복한다.

메리야스 잇기

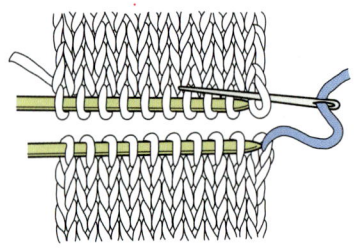 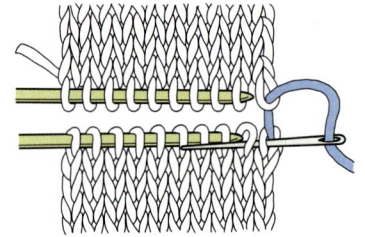

1. 뒤쪽에 있는 바늘의 첫 코에 돗바늘을 이용해 뒤쪽으로 부터 앞쪽으로 실을 뺀다.
2. 앞쪽의 첫 코로 돌아와 앞쪽에서 바늘을 넣어 2번째 코의 뒤쪽에서 앞쪽으로 뺀다.

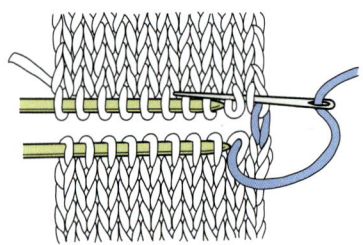 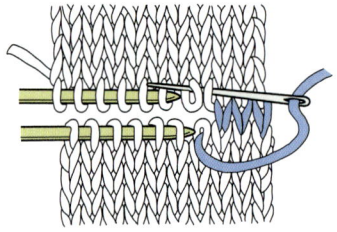

3. 뒤쪽의 첫 코 앞쪽에서 바늘을 넣어 2번째 코의 뒤쪽에서 앞쪽으로 뺀다.
4. 2~3을 반복한다.

가터잇기

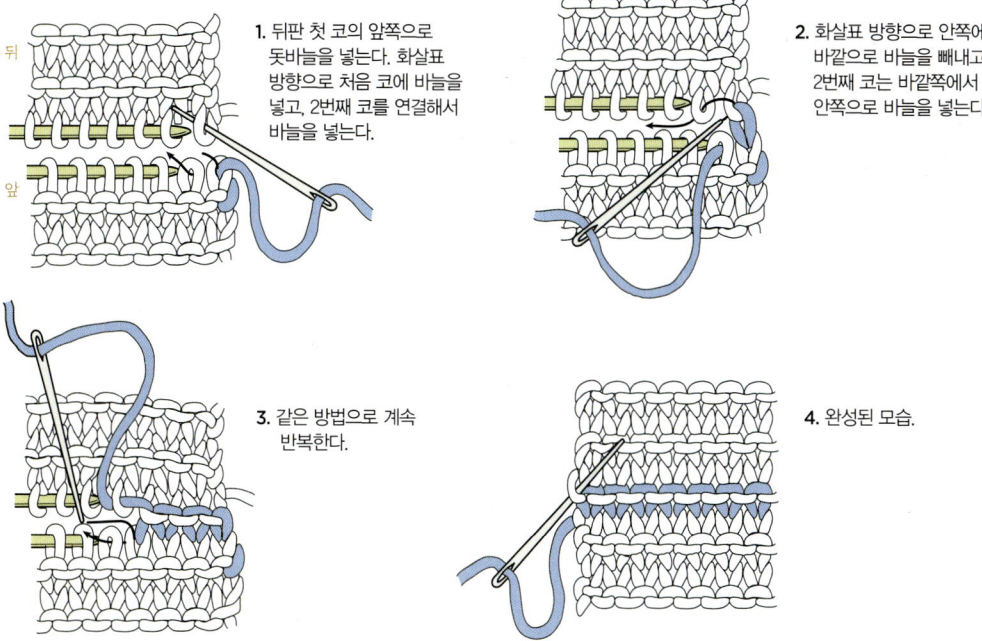

1. 뒤판 첫 코의 앞쪽으로 돗바늘을 넣는다. 화살표 방향으로 처음 코에 바늘을 넣고, 2번째 코를 연결해서 바늘을 넣는다.

2. 화살표 방향으로 안쪽에서 바깥으로 바늘을 빼내고, 2번째 코는 바깥쪽에서 안쪽으로 바늘을 넣는다.

3. 같은 방법으로 계속 반복한다.

4. 완성된 모습.

1코씩 꿰매기

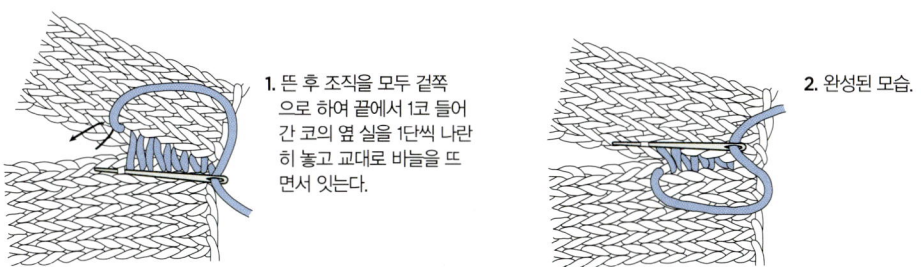

1. 뜬 후 조직을 모두 겉쪽으로 하여 끝에서 1코 들어간 코의 옆 실을 1단씩 나란히 놓고 교대로 바늘을 뜨면서 잇는다.

2. 완성된 모습.

스티치하기

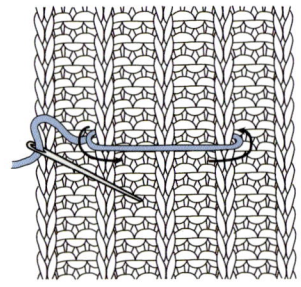
1. 그림과 같이 화살표 방향으로 실을 감듯이 겉뜨기 코를 바느질한다.

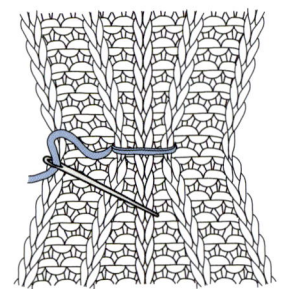
2. 두 번 정도 감아주고 모아준 뒤 뜨개 조직의 뒤쪽에서 실을 마무리한다.

원형코 돗바늘로 모으기

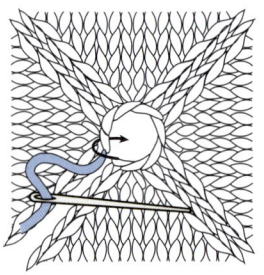
1. 처음 시작 부분에서 실에 돗바늘을 끼운다. 화살표 방향으로 한 코씩 감침질하듯 바느질한다.

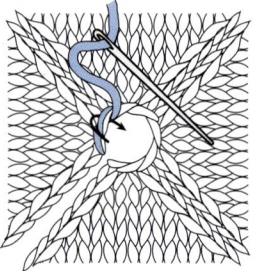
2. 같은 방법으로 두 번째 코도 바느질한다.

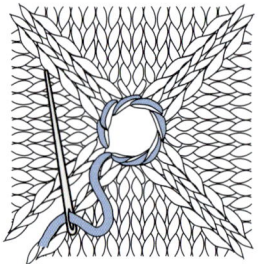
3. 마지막 코까지 꿰어준 뒤 잡아당겨 모아준다.

사슬 뜨기

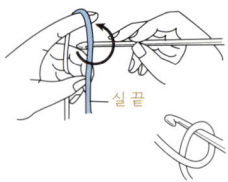
1. 바늘을 화살표 방향으로 1회 돌리면 바늘에 실이 감긴다.

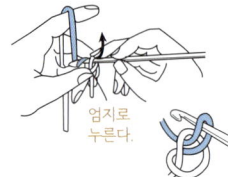
2. 바늘 코에 실을 걸어서 끌어낸 다음 실 끝을 잡아당겨서 실을 조인다.

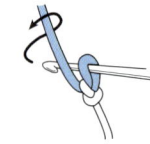
3. 화살표와 같이 바늘을 움직여서 바늘에 실을 건다.

4. 바늘에 걸려 있는 루프 속으로 실을 끌어내면 1코가 완성된다.

짧은뜨기

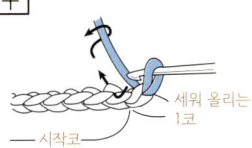
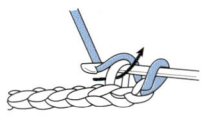

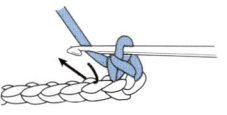

1. 사슬뜨기를 한 1코를 세워 올리고 시작코의 1코째의 뒷산에 바늘을 끼워 넣는다.
2. 바늘에 실을 걸어 화살표 방향으로 끌어낸다.
3. 2에서 또 한 번 실을 걸어 바늘에 걸린 2개의 루프 사이로 한번에 빼낸다.
4. 짧은뜨기 1코가 완성된 모습.

긴뜨기

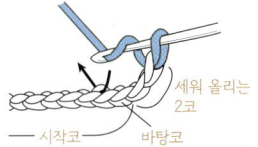

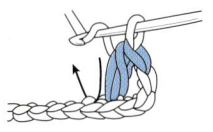
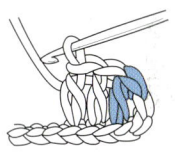

1. 바늘에 실을 걸어 바탕코 왼쪽 사슬의 뒷산에 바늘을 넣는다.
2. 새로 루프를 끌어내고 다시 실을 걸어 3개의 루프를 한 번에 빼뜬다.
3. 긴뜨기 1코가 완성된 모습. 1, 2를 반복한다.
4. 세워 올린 코를 1코로 센다. 긴뜨기 4코가 떠진 모습.

한길긴뜨기

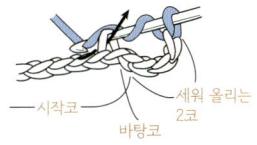
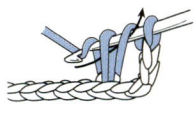
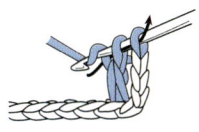
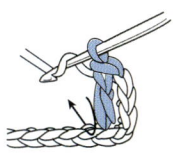

1. 바늘에 실을 걸어 코의 왼쪽 사슬의 뒷산에 넣어 실을 끌어낸다.
2. 바늘 코에 실을 건 다음 바늘 끝에서 2개의 루프만 빼뜬다.
3. 또 한 번 실을 걸어서 남아 있는 2개의 루프 사이로 한 번에 빼낸다.
4. 한길긴뜨기 1코가 완성된 모습.

되돌아 짧은뜨기

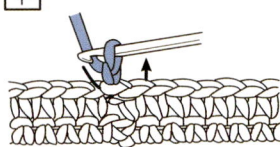

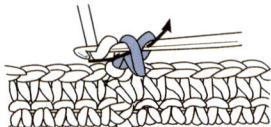

1. 기둥코 사슬 1코를 뜬 다음 바늘 끝을 뒤쪽으로 돌려 뒷코를 뜬다.
2. 실을 바늘 코에 걸어서 화살표 방향으로 바늘을 빼낸다.
3. 짧은뜨기의 방법으로 뜬다.

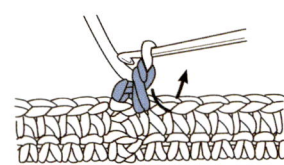
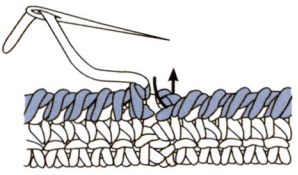
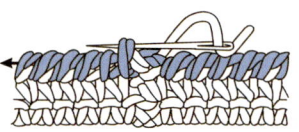

4. 1~3을 반복하여 오른쪽으로 떠 나간다.
5. 실 끝을 잘라 마무리한 다음 돗바늘에 실을 꿰어 화살표 방향으로 바늘을 넣는다.
6. 그림과 같이 바늘을 넣어 마무리한 다음 화살표 방향으로 안쪽 코로 실을 넣어 마무리한다.

원형코 만들기

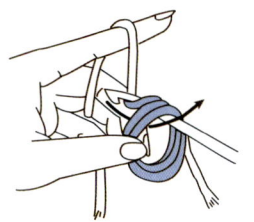
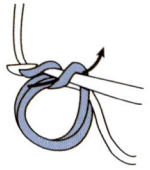
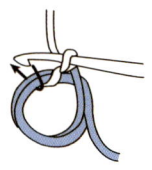
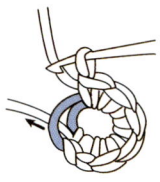

1. 2번 돌려 원형으로 만든 실 끝을 집게손가락에 감아진 다음 화살표 방향으로 뺀다.
2. 화살표 방향으로 빼뜨기를 한다.
3. 짧은뜨기를 1번 한다.
4. 원하는 콧수에 맞추어 짧은뜨기를 한 뒤 실 끝을 화살표 방향으로 잡아당겨준다.

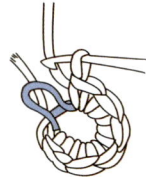
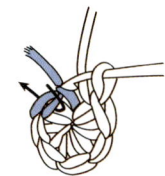

5. 안쪽의 실을 잡아당겨 늘어진 실을 조인다.
6. 다시 실 끝을 잡아당겨 조여주고, 처음 시작한 짧은뜨기에 빼뜨기로 마무리한다.

C

1-1. 대바늘 6mm 두 개를 사용해서 일반코잡기로 23코를 잡는다.

1-2. 가터뜨기로 46단을 뜬다.

2-1. A 2장과 B 2장의 중심 모아뜨기 한 선이 ◇모양으로 나오도록 위치를 잡은 뒤 A조직에서 23코 중심 1코, C조직에서 23코 중심 1코, B조직에서 23코 총 71코를 잡아 그림과 같이 좌우 양쪽으로 중심 3코 모아뜨기를 한다.

2-2. 23코가 담을 때까지 중심 3코 모아뜨기를 한다.

2-3. 중심 1코를 놓고 양쪽으로 11코씩 나누어 중심부터 돗바늘 가터잇기로 이어준다.

마무리하기

검은색 실과 코바늘 7/0호를 사용해서 빼뜨기 1단을 뜨고 되돌아 짧은뜨기 1단을 떠서 마무리한다.

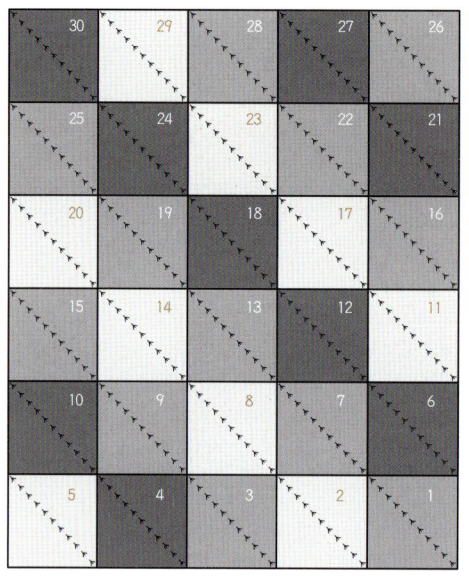

연회색
회색
검정

1. 1번 모티프
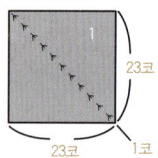

2. 2~5번 모티프
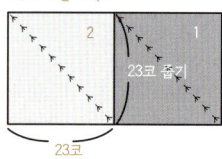

3. 6, 11, 16, 21, 26번 모티프
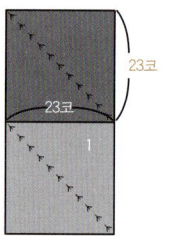

4. 7~10, 12~15, 17~20, 22~25, 27~30 모티프
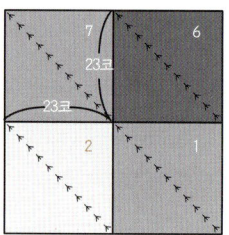

Ⓑ

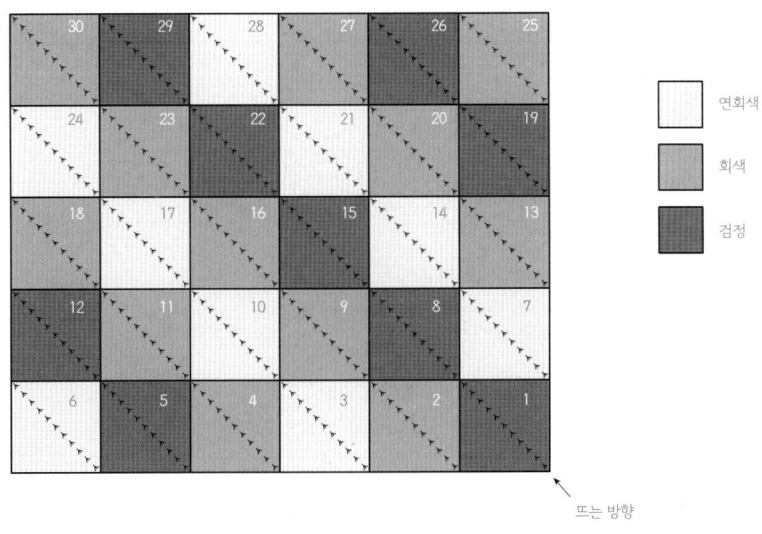

©

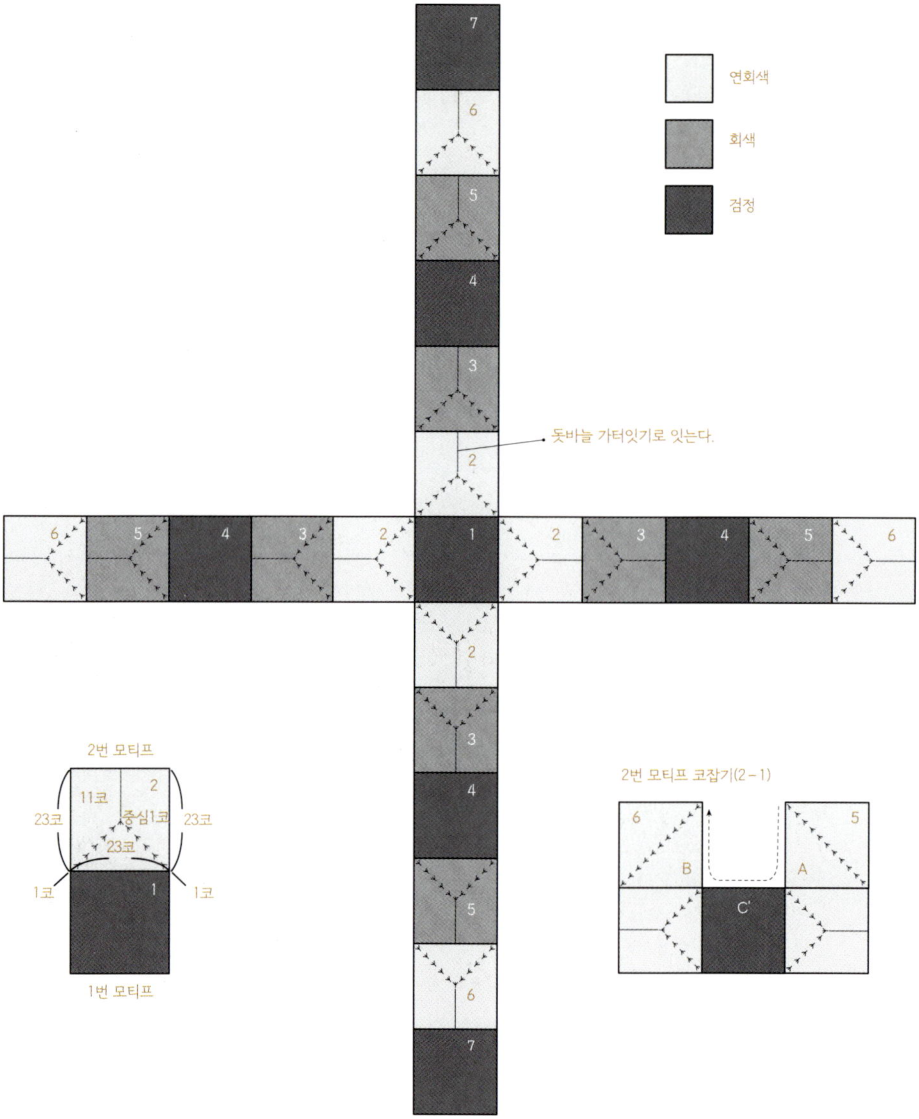
연회색
회색
검정
돗바늘 가터잇기로 잇는다.
7
6
5
4
3
2
1
2번 모티프
11코
2
23코
중심1코
23코
23코
1코
1
1코
1번 모티프
2번 모티프 코잡기(2－1)
6
5
B
A
C'

마무리하기

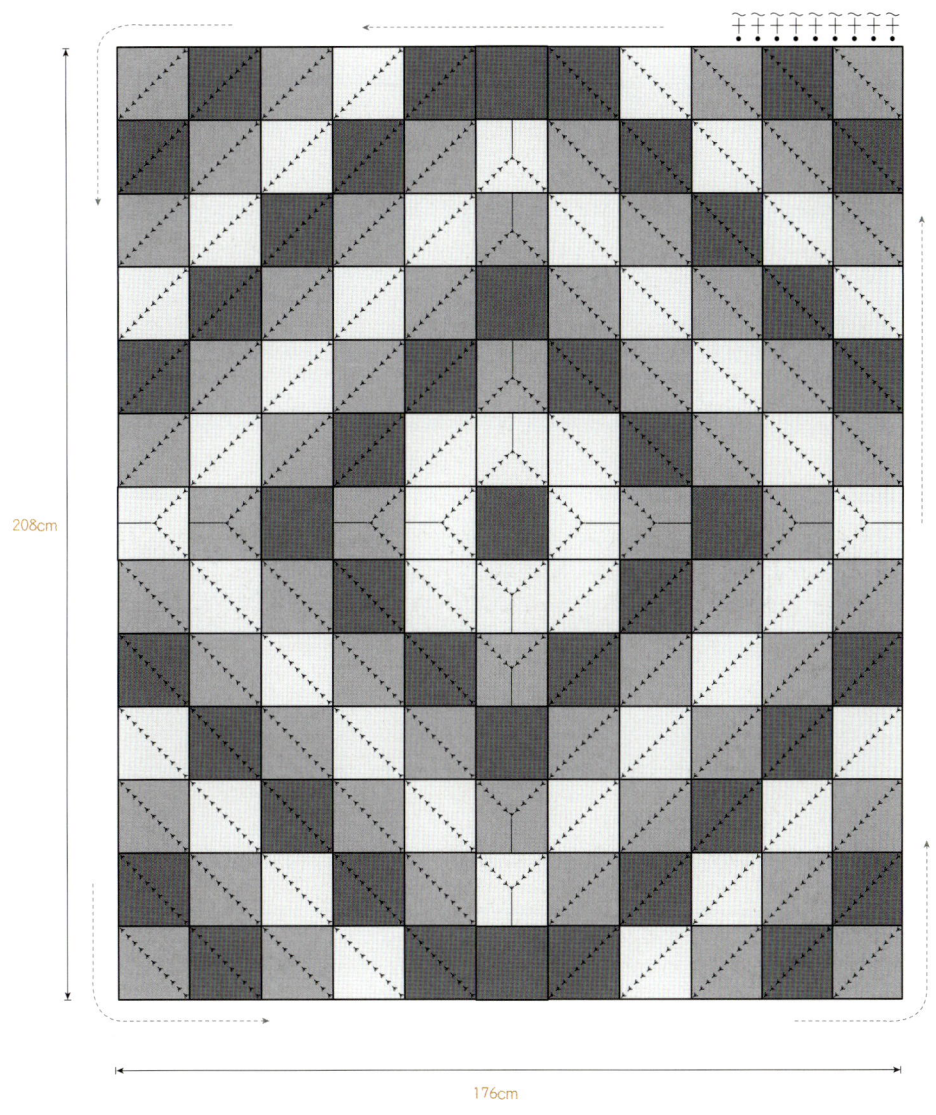

꽃잎 티슈 커버

재료 스키니 트위드 회색
100g, 덧수용 진회색 조금
사용바늘 대바늘 3.5mm,
돗바늘, 코바늘 5/0호

HOW TO MAKE

1. 스키니 트위드 회색과 대바늘 3.5mm를 사용해서 일반코잡기로 184코를 잡아 2 : 2 고무뜨기로 38단을 뜬다. 이때 원형뜨기로 뜬다.
2. 39단째에는 코를 60코, 32코, 60코, 32코로 나누어 뜬다. 4등분으로 나누어 첫번째 60코만 가지고 뜬다. 첫코와 마지막 코에 감아코 1코씩, 총 2코를 만들어주고, 도안과 같이 2-2-7, 2-1-2로 줄임을 한 뒤 2단을 더 뜨고 코막음한다.
두 번째 32코를 가지고 양끝에 감아코 1코씩을 만들어준 뒤 같은 방법으로 줄임을 하고 코막음한다. 같은 방법으로 세 번째, 네 번째도 뜬다.

마무리하기

1. 떠놓은 몸판에 진회색 실로 무늬뜨기 도안과 같이 스티치(덧수)를 한다.
2. 윗부분의 나누어 뜬 부분을 돗바늘로 꿰매어 잇는다.
3. 진회색 실과 코바늘 5/0호를 사용해서 밑단과 입구 부분에 짧은뜨기로 1단을 뜬다.

스티치(덧수) 놓기

진회색 실을 길게 잘라 돗바늘에 끼운다. 원하는 위치에 2번씩 감아주고 안쪽에서 매듭을 한 번 만들어 고정한 뒤 다음 위치로 이동한다.

※무늬뜨기

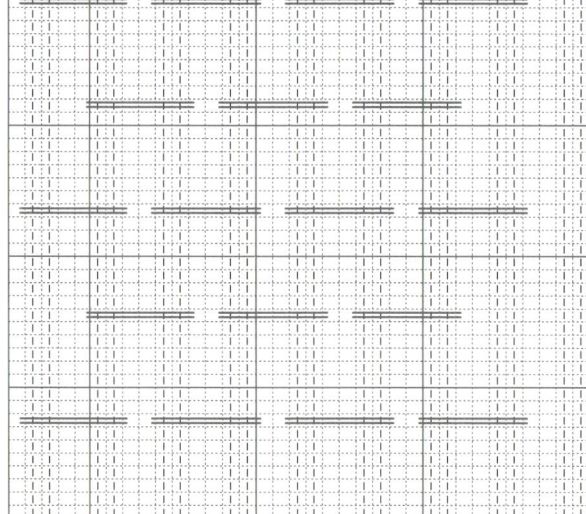

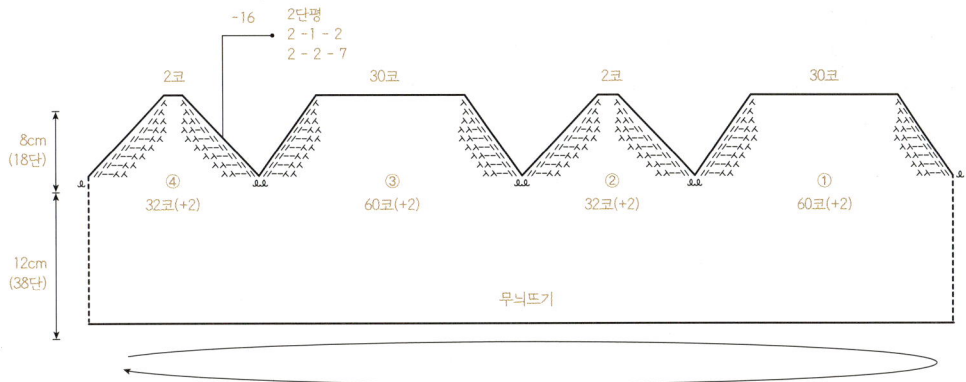

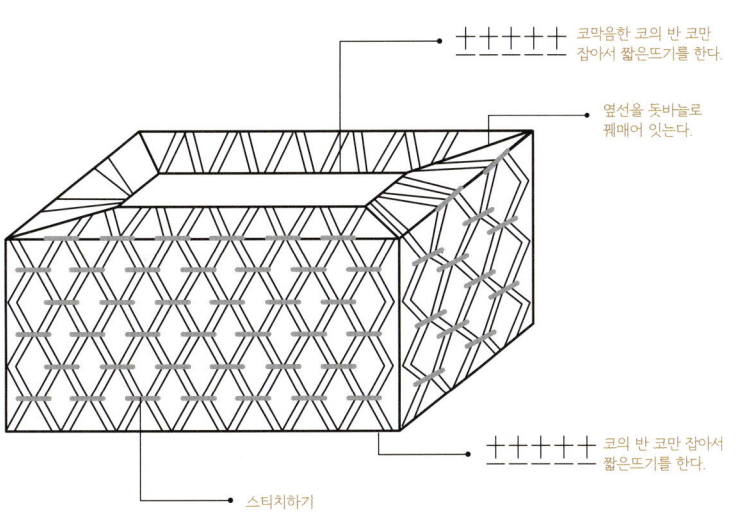

PART 1

마름모 선 쿠션 | (진회색)

재료 스키니 아란 진회색 400g, 단추 3개, 45cm 쿠션솜
사용바늘 대바늘 6mm, 돗바늘
메리야스 게이지 16코 22단,
가터뜨기 게이지 16코 29단

HOW TO MAKE

1. 스키니 아란 진회색과 대바늘 6mm를 사용해서 일반코잡기로 127코를 잡는다.
2. 2단에 1번씩 중심 3코 모으기를 하면서 가터뜨기로 뜬다. 1코가 남을 때까지 뜬 후 코막음한다.
3. 아래쪽 면에서 63코를 잡아 메리야스뜨기로 56단을 뜬 뒤 가터뜨기로 12단을 뜨고 코막음 친다.
4. 위쪽에서 63코를 잡아 메리야스뜨기로 28단을 뜬다.
5. 다시 가터뜨기로 13단을 뜬다. 이때 도안과 같이 단춧구멍을 내면서 뜬다.

마무리하기

1. 그림과 같이 메리야스 뜬 부분을 뒤쪽에서 접어 단춧구멍 부분이 위로 오게 겹친 다음 옆선을 돗바늘로 꿰매어 연결한다.
2. 단추를 달아준다.

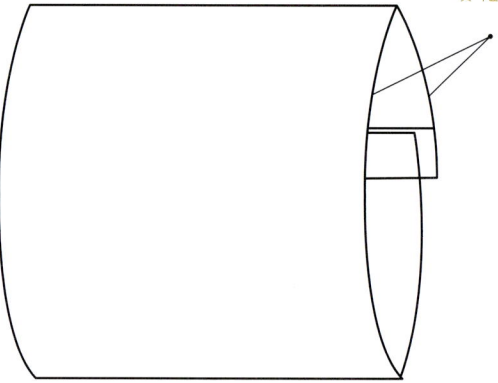

단춧구멍 부분을 위로 오게 겹쳐서 앞판의 옆선과 돗바늘로 꿰매어 연결한다.

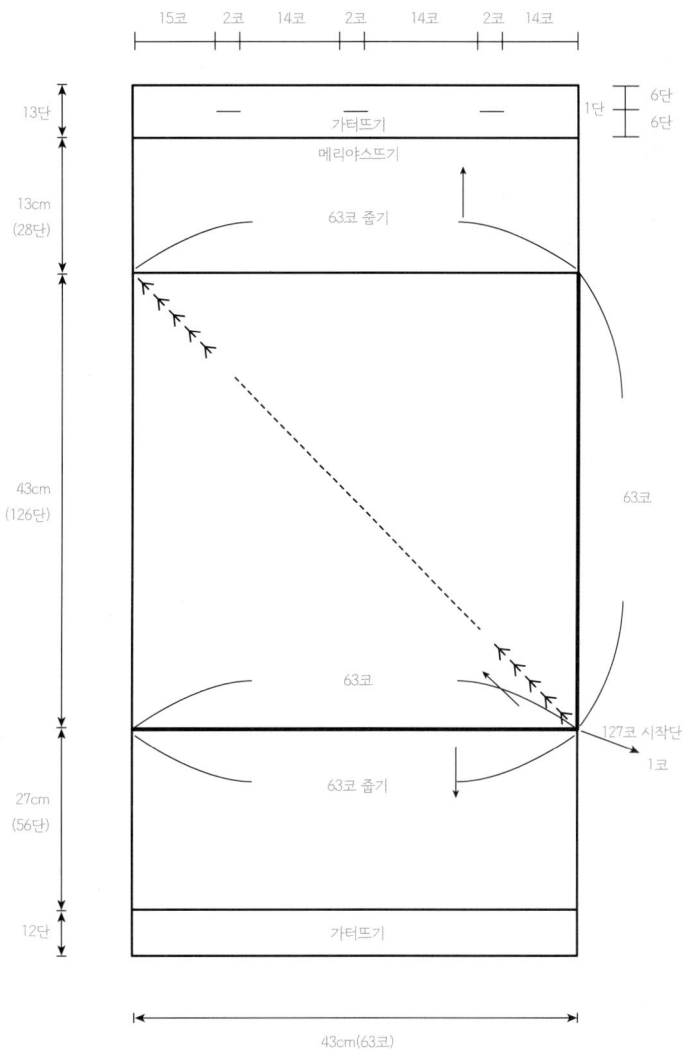

PART 1

마름모 선 쿠션 II (회색)

재료 스키니 아란 회색 400g, 단추 3개, 45cm 쿠션솜
사용바늘 대바늘 6mm, 돗바늘
게이지 메리야스 게이지 16코 22단, 가터뜨기 게이지 16코 29단

HOW TO MAKE

1. 스키니 아란 회색과 대바늘 6mm를 사용해서 일반코잡기로 63코를 잡는다.
2. 가터뜨기로 12단을 뜬다.
3. 메리야스뜨기로 56단을 뜬다.
4. 가터뜨기로 126단을 뜬다.
5. 메리야스뜨기로 28단을 뜬다.
6. 가터뜨기로 13단을 뜬 후 코막음을 한다. 이때 도안과 같이 단춧구멍을 내면서 뜬다.

마무리하기

1. 그림과 같이 메리야스 뜬 부분을 뒤쪽에서 접어 단춧구멍 부분이 위로 오게 겹친다음 옆선을 돗바늘로 꿰매어 연결한다.
2. 단추를 달아준다.

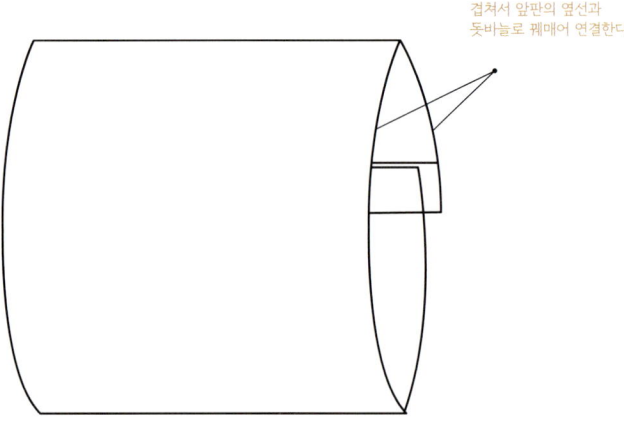

단춧구멍 부분을 위로 오게 겹쳐서 앞판의 옆선과 돗바늘로 꿰매어 연결한다.

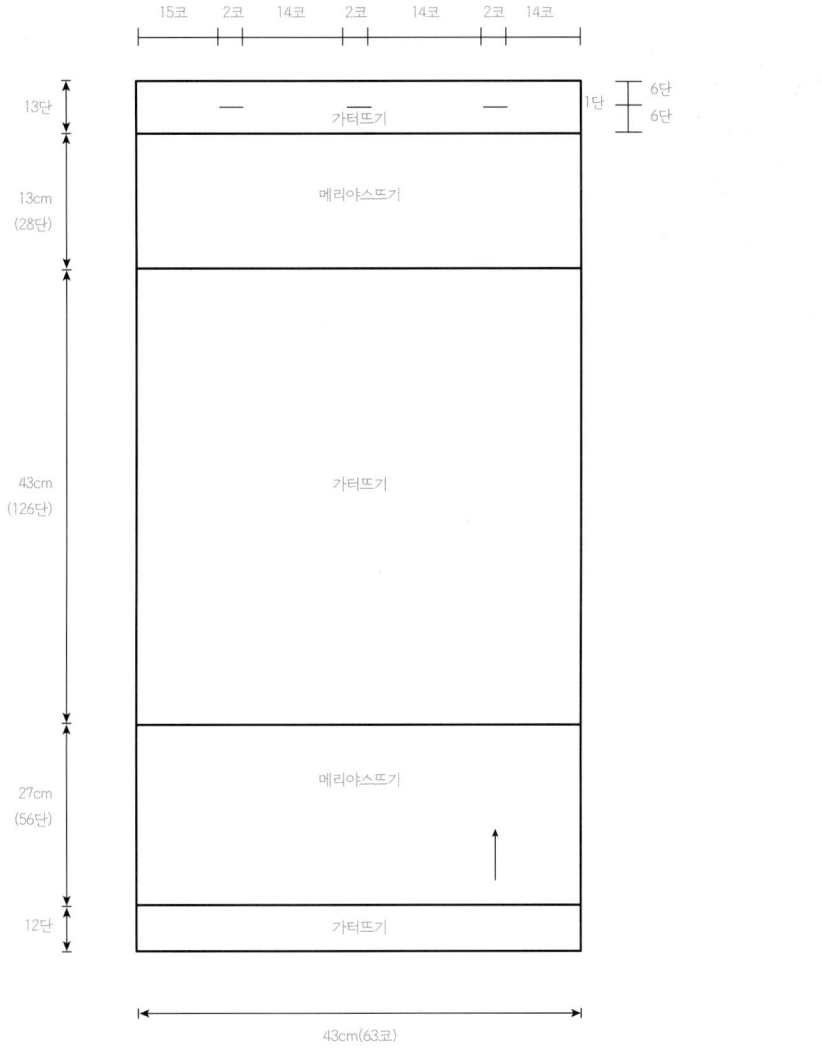

PART 1

덧신

재료 스키니 트위드 진회색 50g, 연회색 50g, 단추 4개, 가죽 태그 2개
사용바늘 대바늘 4mm, 돗바늘
게이지 19코 26단

HOW TO MAKE

1. 스키니 트위드 진회색과 대바늘 4mm를 사용해서 일반코잡기로 70코를 잡는다.
2. 가터뜨기를 하면서 중심과 양끝에서 2-1-5로 총 20코를 늘린다.
3. 연회색 실로 바꾸어 메리야스뜨기로 10단을 뜬다.
4. 중심 부분에서 2-1-4로 총 8코를 줄이고 2단을 떠 뜬 뒤 23코를 뜨고 10코 코막음, 두 코를 같이 뜨며 8코 코막음을 하고 다시 10코 코막음을 한 뒤 23코를 뜬다.
5. 안뜨기로 23코 뜨고, 왼쪽 바늘에 있는 23코를 연결해서 46코를 같이 뜬다.
   12단을 메리야스뜨기로 더 뜬 뒤 코막음한다.
6. 같은 방법으로 1장을 더 뜬다.

마무리하기

1. 표시된 중심 부분을 반을 접어 A와 A', B와 B', C와 C'를 돗바늘로 꿰매어 연결한다.
2. ●부분도 반을 접어 마지막 코의 반 코씩만 잡아 감침질로 연결한다.
3. 앞쪽에 단추를 달아주고 뒷부분에는 가죽 태그를 달아준다.
4. 같은 방법으로 다른 한쪽도 완성한다.

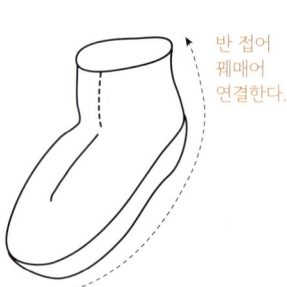

반 접어 꿰매어 연결한다.

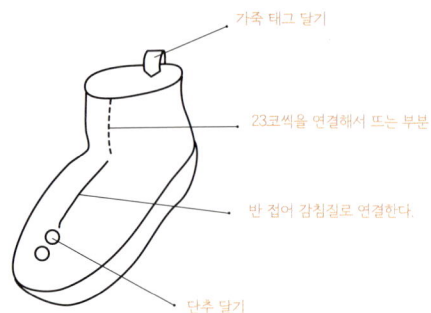

가죽 태그 달기
23코씩을 연결해서 뜨는 부분
반 접어 감침질로 연결한다.
단추 달기

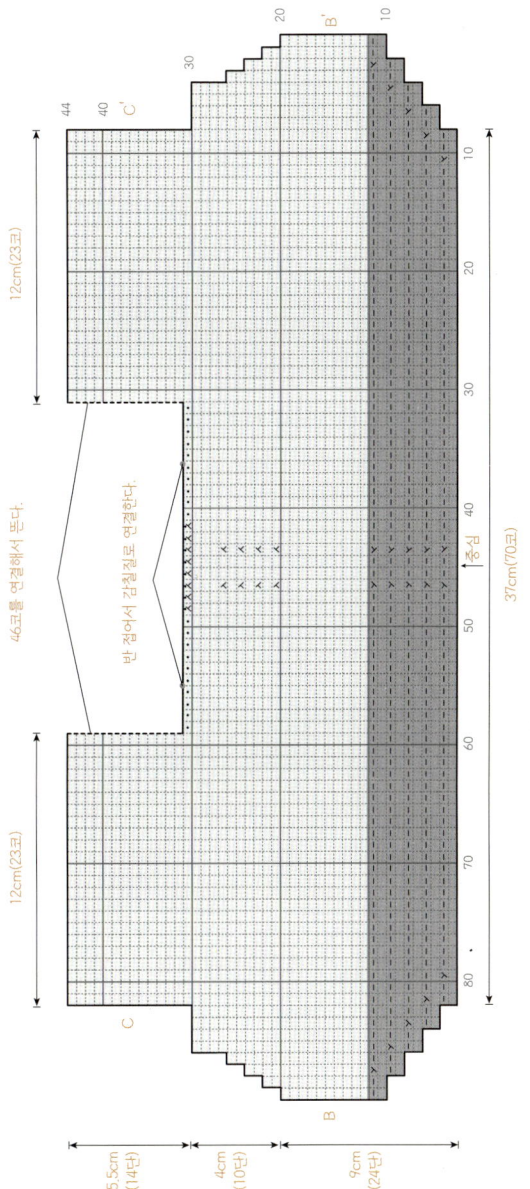

PART 1

시계

재료 자리나 아이보리 50g,
시계 틀
사용바늘 대바늘 3mm, 코바늘 3/0호
게이지 메리야스 게이지 30코 44단

HOW TO MAKE

중심원 만들기

1. 대바늘 3mm를 사용해서 나중에 풀어낼 실을 가지고 일반코잡기로 30코를 잡는다.
2. 자리나 아이보리 실로 바꾸어 메리야스뜨기로 도안과 같이 되돌아뜨기를 한다.

1번째 단 – 겉뜨기로 1단

2번째 단 – 안뜨기로 4코만 뜬 뒤 걸기코를 만들어 왼쪽 바늘에 걸어주고 뒤로 돌린다.

3번째 단 – 첫코는 걸러뜨기를 하고 겉뜨기로 3코를 뜬다.

4번째 단 – 안뜨기로 4코를 뜨고 만들어놓은 걸기코와 5번째 코의 위치를 바꿔준 뒤 걸기코와 5번째 코를 한꺼번에 뜬다. 안뜨기로 3코를 더 뜬 뒤 2번째 단과 같은 방법으로 걸기코를 만든다.

5번째 단 – 첫코는 걸러뜨기를 하고 겉뜨기로 7코를 뜬다.

6번째 단 – 안뜨기로 8코를 뜨고 만들어놓은 걸기코와 9번째 코의 위치를 바꿔준 뒤 걸기코와 9번째 코를 한꺼번에 뜬다. 안뜨기로 3코를 더 뜬 뒤 2번째 단과 같은 방법으로 걸기코를 만든다.

7번째 단 – 첫코는 걸러뜨기를 하고 겉뜨기로 11코를 뜬다.

8번째 단 – 안뜨기로 12코를 뜨고 만들어놓은 걸기코와 13번째 코의 위치를 바꿔준 뒤 걸기코와 13번째 코를 한꺼번에 뜬다. 안뜨기로 3코를 더 뜬 뒤 2번째 단과 같은 방법으로 걸기코를 만든다.

9번째 단 – 첫코는 걸러뜨기를 하고 겉뜨기로 15코를 뜬다.

10번째 단 – 안뜨기로 16코를 뜨고 만들어놓은 걸기코와 17번째 코의 위치를 바꿔준 뒤 걸기코와 17번째 코를 한꺼번에 뜬다. 안뜨기로 3코를 더 뜬 뒤 2번째 단과 같은 방법으로 걸기코를 만든다.

11번째 단 – 첫코는 걸러뜨기를 하고 겉뜨기로 19코를 뜬다.

12번째 단 – 안뜨기로 20코를 뜨고 만들어놓은 걸기코와 21번째 코의 위치를 바꿔준 뒤 걸기코와 21번째 코를 한꺼번에 뜬다. 안뜨기로 3코를 더 뜬 뒤 2번째 단과 같은 방법으로 걸기코를 만든다.

12번째 단 – 첫코는 걸러뜨기를 하고 겉뜨기로 23코를 뜬다.

13번째 단 – 안뜨기로 24코를 뜨고 만들어 놓은 걸기코와 25번째코의 위치를 바꿔준 뒤 걸기코와 25번째 코를 한꺼번에 뜬다. 안뜨기로 3코를 더 뜬 뒤 2번째 단과 같은 방법으로 걸기코를 만든다.

14번째 단 – 첫코는 걸러뜨기를 하고 겉뜨기로 26코를 뜬다.

15번째 단 - 안뜨기로 27코를 뜨고 만들어놓은 걸기코와 28번째 코의 위치를 바꿔준 뒤 걸기코와 28번째 코를 한꺼번에 뜬다. 안뜨기로 끝까지 뜬다.
16번째 단 - 안뜨기 1단
17번째 단 - 겉뜨기 1단
18번째 단 - 안뜨기로 27코를 뜬다. 걸기코를 만들어 왼쪽 바늘에 걸어주고 뒤로 돌린다.
19번째 단 - 첫코는 걸러뜨기를 하고 겉뜨기로 끝까지 뜬다.
20번째 단 - 안뜨기로 24코를 뜬다. 걸기코를 만들어 왼쪽 바늘에 걸어주고 뒤로 돌린다.
21번째 단 - 첫코는 걸러뜨기를 하고 겉뜨기로 끝까지 뜬다.
22번째 단 - 안뜨기로 20코를 뜬다. 걸기코를 만들어 왼쪽 바늘에 걸어주고 뒤로 돌린다.
23번째 단 - 첫코는 걸러뜨기를 하고 겉뜨기로 끝까지 뜬다.
24번째 단 - 안뜨기로 16코를 뜬다. 걸기코를 만들어 왼쪽 바늘에 걸어주고 뒤로 돌린다.
25번째 단 - 첫코는 걸러뜨기를 하고 겉뜨기로 끝까지 뜬다.
26번째 단 - 안뜨기로 12코를 뜬다. 걸기코를 만들어 왼쪽 바늘에 걸어주고 뒤로 돌린다.
27번째 단 - 첫코는 걸러뜨기를 하고 겉뜨기로 끝까지 뜬다.
28번째 단 - 안뜨기로 8코를 뜬다. 걸기코를 만들어 왼쪽 바늘에 걸어주고 뒤로 돌린다.
29번째 단 - 첫코는 걸러뜨기를 하고 겉뜨기로 끝까지 뜬다.
30번째 단 - 안뜨기로 8코를 뜬다. 걸기코를 만들어 왼쪽 바늘에 걸어주고 뒤로 돌린다.
31번째 단 - 첫코는 걸러뜨기를 하고 겉뜨기로 끝까지 뜬다.
32번째 단 - 안뜨기로 4코를 뜨고 5번째 코와 걸기코의 위치를 바꿔준 뒤 한꺼번에 같이 뜬다. 같은 방법으로 안뜨기 4코, 9번째 코와 걸기코 같이 뜨기, 안뜨기 4코, 13번째 코와 걸기코 같이 뜨기, 안뜨기 4코, 17번째 코와 걸기코 같이 뜨기, 안뜨기 4코, 21번째 코와 걸기코 같이 뜨기, 안뜨기 4코, 25번째 코와 걸기코 같이 뜨기, 안뜨기 2코, 27번째 코와 걸기코 같이 뜨기, 끝까지 안뜨기
총 32단의 되돌아뜨기 1무늬를 반복해서 8무늬를 만든다.
3. 처음에 시작한 풀어낼 코를 풀어낸 뒤 돗바늘로 메리야스잇기로 연결해서 원형을 만든다.
4. 중심의 구멍 부분은 각 단의 반 코씩을 잡아 살짝 잡아당겨 오므려준다.

원형 테두리 만들기
1. 원형을 만든 뒤 원형 전체 둘레에서 168코를 잡아 도안의 무늬뜨기로 30단을 뜬다.
2. 무늬뜨기를 다 뜬 뒤 3/0호 코바늘로 도안과 같이 코를 줄여가며 6단을 뜬다.

마무리
1. 뜨개 조직을 시계 틀에 뒤집어 씌워주고 시곗바늘과 건전지 넣는 틀을 붙여 고정한다.
2. 되돌아뜨기와 무늬뜨기 경계선 부분에 토션 레이스를 붙여 마무리한다.

※중심원 만들기

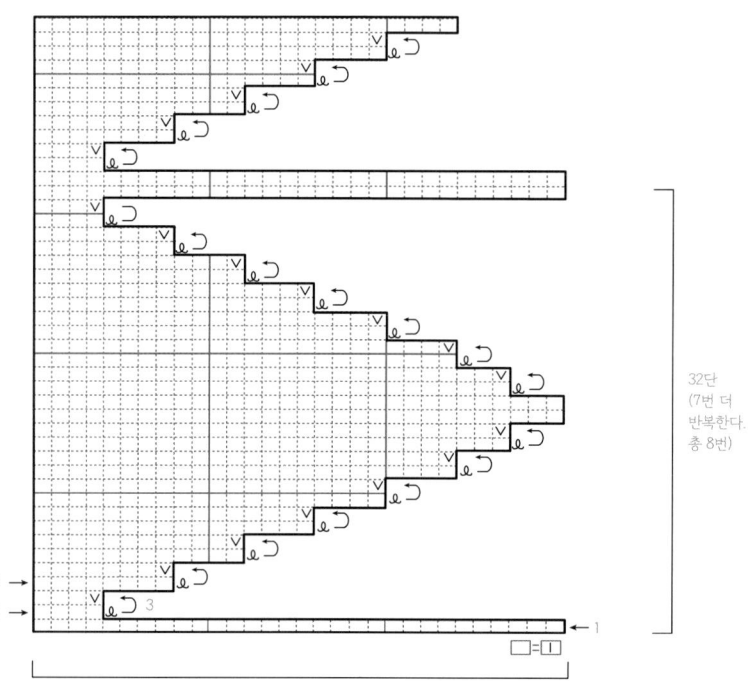

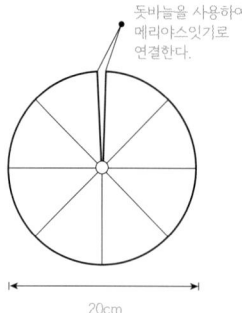

※원형 테두리 무늬뜨기(원형뜨기로 뜬다) – 전체 둘레에서 168코를 잡는다

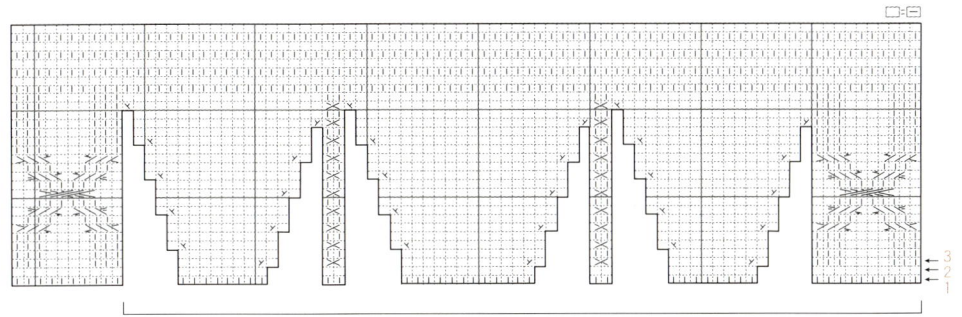

1무늬(3번 더 반복해서 뜬다. 총 4무늬)

※뒷면 테두리 무늬뜨기

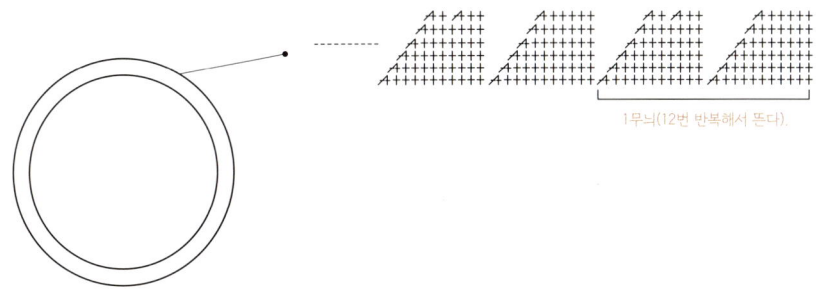

1무늬(12번 반복해서 뜬다).

② ※마무리하기

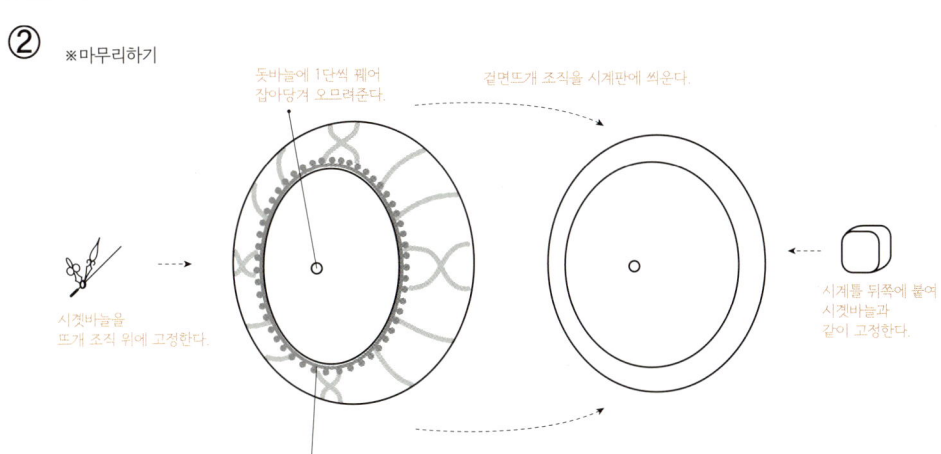

돗바늘에 1단씩 꿰어 잡아당겨 오므려준다.

겉면뜨개 조직을 시계판에 씌운다.

시곗바늘을 뜨개 조직 위에 고정한다.

시계틀 뒤쪽에 붙여 시곗바늘과 같이 고정한다.

코를 잡아 무늬뜨기를 한 부분에 토션 레이스를 장식해준다.

빈백 의자

재료 스키니 트위드 연회색 50g, 스키니 아란 연회색 5000g
사용바늘 대바늘 4mm, 대바늘 12mm, 돗바늘
게이지 스키니 트위드 24코 35단, 스키니 아란 가터뜨기 게이지 7코 12.5단

HOW TO MAKE

고정끈 뜨기

1. 스키니 트위드 연회색과 대바늘 4mm를 사용해서 일반코잡기로 20코를 잡아 메리야스뜨기로 170단을 뜬 뒤 코막음한다.
2. 같은 방법으로 1장을 더 뜬다.

몸판 뜨기

1. 스키니 아란 연회색 3겹과 대바늘 12mm를 사용해서 일반코잡기로 92코를 잡아 가터뜨기로 202단을 뜬 뒤 코막음한다.
2. 같은 방법으로 1장을 더 뜬다.

마무리하기

1. 고정끈은 원통형으로 만들어 끈을 안에 넣은 뒤 옆선을 이어준다. 윗부분은 쇠 부분만 제외하고 메리야스잇기를 한다.
2. 몸판은 빈백을 앞뒤로 감싼 뒤 전체 둘레를 돗바늘로 꿰매어 연결한다.

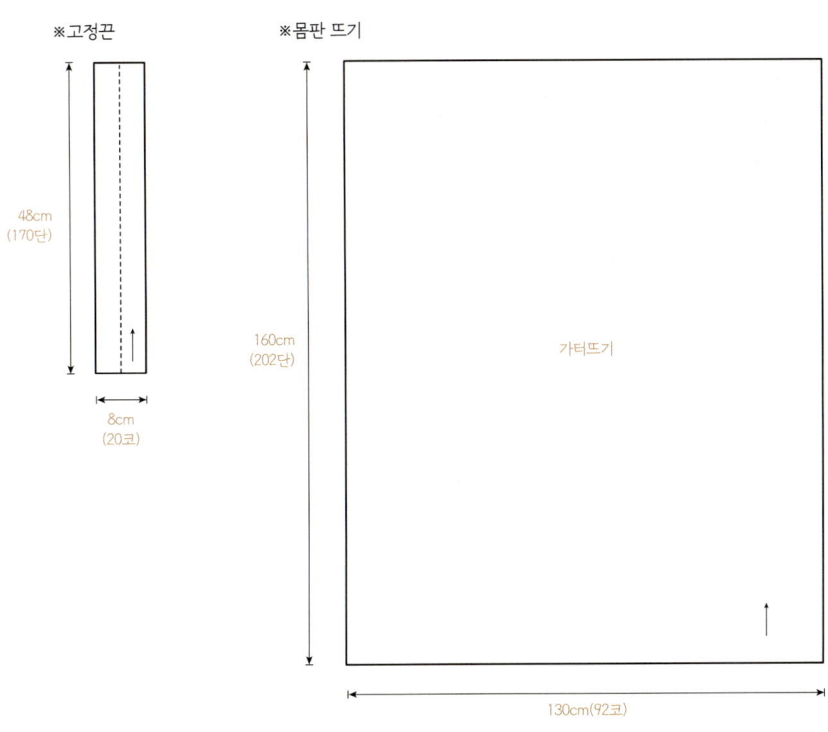

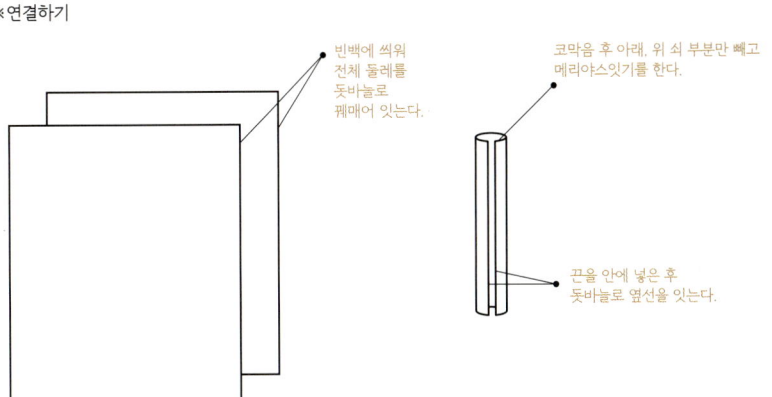

PART 1

꽃무늬 쿠션

재료 스키니 아란 회색 150g,
아이보리 300g, 40mm 단추
2개, 50cm 원형 솜
사용바늘 대바늘 6mm, 돗바늘,
쿠션 중앙 고정용 긴바늘 1개
게이지 메리야스 게이지
16코 22단

HOW TO MAKE

모티프 뜨기

1. 스키니 아란 회색과 대바늘 6mm를 사용해서 일반코잡기로 3코를 잡는다.
2. 겉뜨기로 1단을 뜨고, 안뜨기로 뜨면서 1코를 늘린다. (1코 뜨고 오른코 늘리기) 다시 겉뜨기로 뜨면서 1코를 늘린다. (1코 뜨고 오른코 늘리기)
3. 4단째부터는 2단에 1번씩 양쪽으로 늘리면서 22단을 뜬다.
4. 24단째부터는 2단에 1번씩 코를 줄이면서 43단까지 뜨고 44단째 중심 3코 모으기를 해서 코를 3코로 줄인 뒤 코막음한다.
5. 같은 방법으로 회색은 5장을 더 뜨고, 아이보리색은 12장을 뜬다.

싸개 단추 뜨기

1. 스키니 아란 회색과 대바늘 6mm를 사용해서 일반코잡기로 18코를 잡아 메리야스 뜨기로 26단을 뜬 뒤 코막음한다.
2. 같은 방법으로 아이보리색도 1장 뜬다.

마무리하기

1. 그림과 같이 회색 모티프를 꽃 모양으로 꿰매어 연결하고 아이보리색도 같은 방법으로 연결한다.
2. 꽃 모양 2장은 안쪽 면을 맞대고, 그림과 같이 사이사이에 아이보리색 모티프로 연결한다. 이때 원형 솜을 넣고 꿰맨다.
3. 40mm 단추를 뜨개 조직으로 씌운 뒤 끝을 모아서 꿰매고 쿠션의 중앙에 달아준다.

※모티프 뜨기

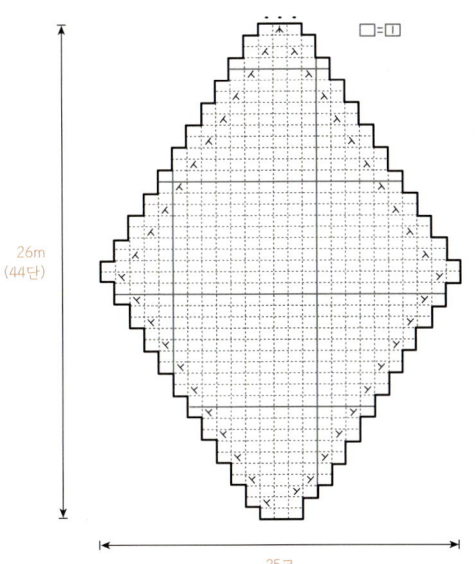

26m
(44단)

25코

※단추 싸개 만들기

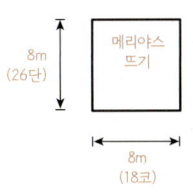

8m
(26단)

메리야스
뜨기

8m
(18코)

※연결하기

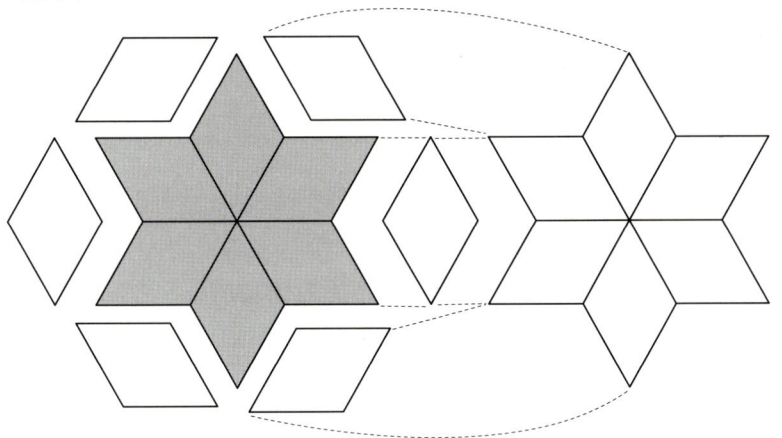

PART 1

마름모 선 이불

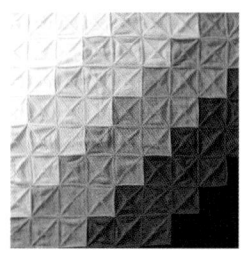

재료 스키니 트위드 아이보리 250g, 연회색 250g, 회색 350g, 진회색 250g, 검은색 200g
사용바늘 대바늘 4mm, 대바늘 5.5mm, 돗바늘
게이지 메리야스 게이지 19코 26단

HOW TO MAKE

모티프 뜨기

1. 스키니 트위드 아이보리와 대바늘 4mm를 사용해서 일반코잡기로 9코를 잡는다.
2. 안뜨기로 1단을 뜨고 겉뜨기로 뜨면서 도안의 표시된 부분에서 코를 늘린다.
3. 2단에 1번씩 코를 계속 늘려 총 코 수가 89코가 될 때까지 늘리고 대바늘 5.5mm로 바꾸어 느슨하게 코막음한다.
4. 처음 시작 부분의 처음과 끝코를 뺀 7코를 반 코씩 잡은 다음 실을 잡아당겨 오므려주고 그 실로 트임 부분을 꿰매어 사각 모양이 되도록 연결한다. 이때 코의 반 코씩만 꿰매어 연결한다.
5. 같은 방법으로 아이보리색 20개를 더 뜨고 연회색 24개, 회색 29개, 진회색 21개, 검은색 15개를 뜬다.

모티프 연결하기

1. 도안의 그림과 같은 색상 배열로 연결한다.
2. 각 모티프의 코막음 단의 반 코씩 잡아 감침질로 연결한다. 그리고 연결한 4조각 사이의 중심은 연결한 부분의 코를 모아서 잡아당기면 중심이 모아진다.

마무리하기

1. 회색 실과 대바늘 4mm를 사용해서 그림과 같이 각 모티프의 옆면에서 22코, 연결 부위에서 2코씩을 잡아 가터뜨기로 뜬다. 코를 잡고 안뜨기로 시작해 8단을 뜨고 안뜨기로 뜨면서 코막음을 한다.
2. 각 모서리는 도안과 같이 2단에 1코씩 4번을 늘려주면서 뜬다.

①

※모티프 뜨기

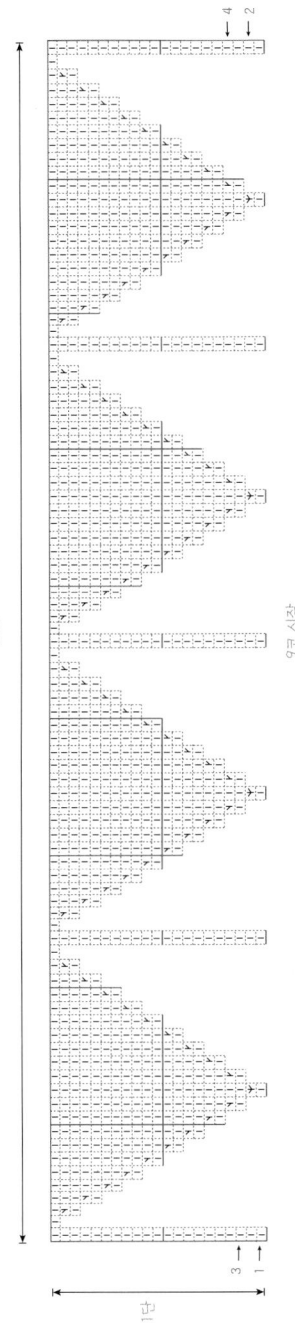

②

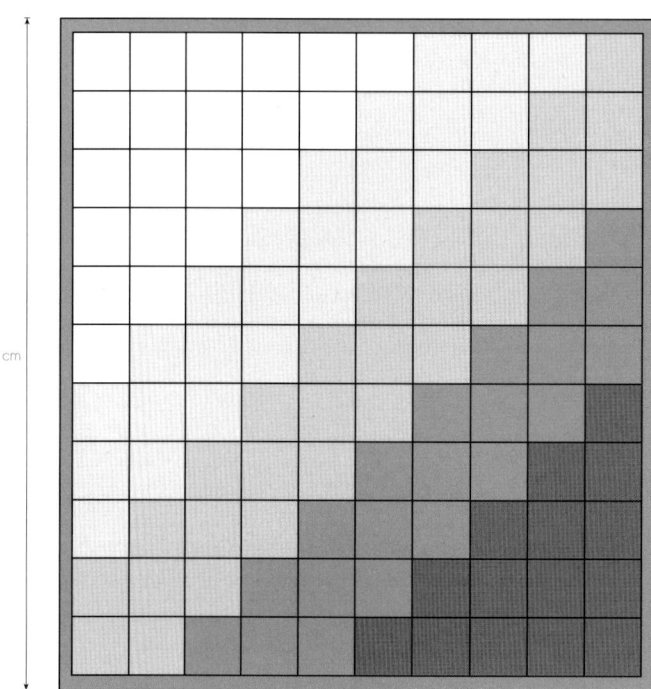

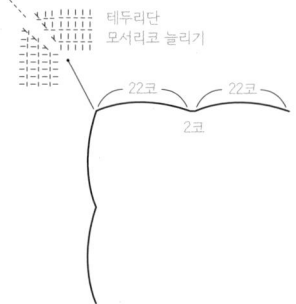

PART 1

발 매트

재료 스키니 아란 검정 300g, 회색 100g, 연회색 50g
사용바늘 대바늘 6mm, 코바늘 7/0호, 돗바늘
게이지 가터뜨기 게이지 16코 22단

HOW TO MAKE

중간 부분 뜨기(B)

1. 스키니 아란 검정색과 대바늘 6mm를 사용해서 일반코잡기로 64코를 만든다.
2. 가터뜨기로 113단을 뜨고 코막음한다.

양옆 부분 뜨기(A)

1. 스키니 아란 검은색과 대바늘 6mm를 사용해서 일반코잡기로 114코를 만든다.
2. 양쪽 모서리 부분에서 2단에 1번씩 중심 3코 모으기를 하면서 가터뜨기로 검은색 14단, 회색 20단, 연회색 20단을 뜬 뒤 코막음한다.
3. 같은 방법으로 1장을 더 뜬다.

마무리하기

1. 떠놓은 중간 부분에 돗바늘로 옆무늬뜨기를 그림과 같이 연결한다.
2. 전체 둘레는 검은색 실로 빼뜨기해서 마무리한다.

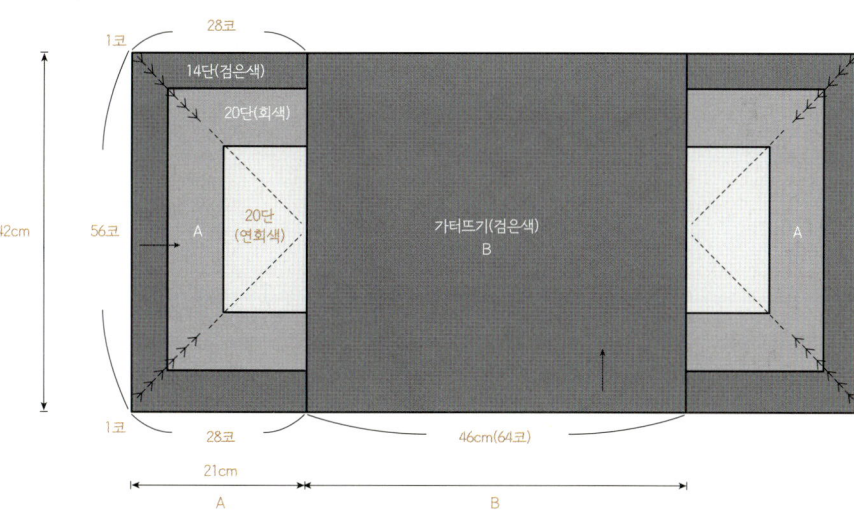

PART 1

쿠션

재료 스키니 아란 검정 500g, 회색 500g, 단추 4개, 둥근 쿠션솜 50cm 2개
사용바늘 대바늘 6mm, 돗바늘, 쿠션 중앙 고정용 긴바늘 1개
게이지 메리야스 게이지 16코 22단

HOW TO MAKE

모티프 뜨기

1. 스키니 아란 검정과 대바늘 6mm를 사용해서 일반코잡기로 9코를 잡는다.
2. 안뜨기로 1단을 뜨고 겉뜨기로 뜨면서 도안의 표시된 부분에서 코를 늘린다.
3. 2단에 1번씩 코를 계속 늘려 총 코 수가 201코가 될 때까지 늘리고 느슨하게 코막음한다.
4. 처음 시작 부분의 처음과 끝코를 뺀 7코를 반 코씩 잡은 다음 실을 잡아당겨 오므려주고 그 실로 트임 부분을 꿰매어 연결한다. 이때 코의 반 코씩만 꿰매어 연결한다.
5. 같은 방법으로 1장을 더 뜬다.

마무리하기

1. 떠놓은 조직을 그림과 같이 놓고 중간에 솜을 넣은 뒤 마지막 코막음 코의 반 코씩만 잡아 감침질로 연결한다.
2. 앞, 뒤 중앙에 단추를 달아 완성한다.

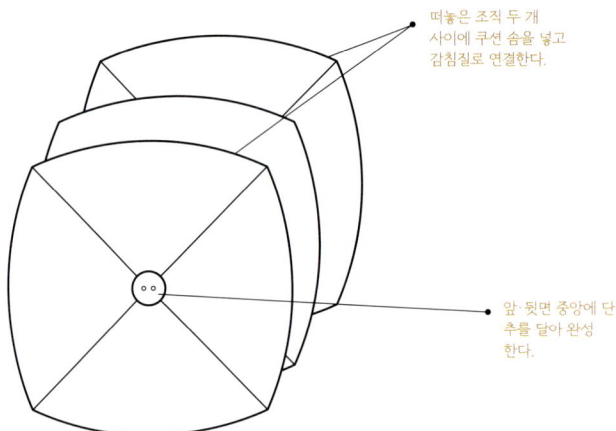

떠놓은 조직 두 개 사이에 쿠션 솜을 넣고 감침질로 연결한다.

앞·뒷면 중앙에 단추를 달아 완성한다.

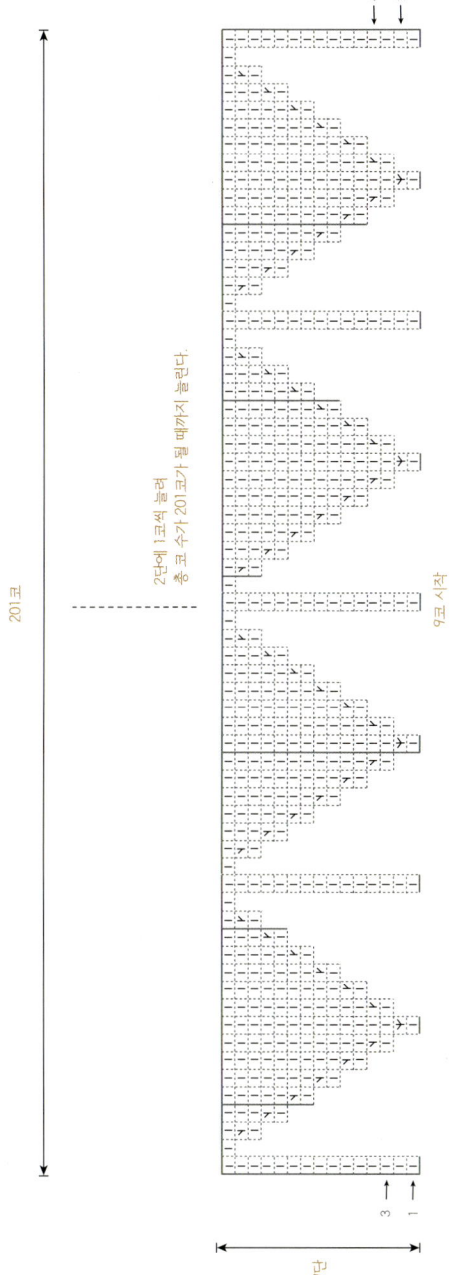

PART 1

핀쿠션

재료 스키니 트위드 검정, 아이보리, 와인, 진회색, 연회색 약간씩, 장식용 태그
사용바늘 대바늘 3.5mm, 돗바늘
게이지 메리야스 게이지 19코 26단

HOW TO MAKE

1. 스키니 트위드 검정과 대바늘 3.5mm를 사용해서 일반코잡기로 9코를 잡는다.
2. 안뜨기로 1단을 뜨고 겉뜨기로 뜨면서 도안의 표시된 부분에서 코를 늘린다.
3. 2단에 1번씩 계속 늘려 총 코 수가 65코가 될 때까지 늘리고 느슨하게 코막음 한다.
4. 처음 시작 부분의 처음과 끝코를 뺀 7코를 반 코씩 잡은 다음 실을 잡아당겨 오므려주고 그 실로 트임 부분을 꿰매어 연결한다. 이때 코의 반 코씩만 꿰매어 연결한다.
5. 같은 방법으로 1장을 더 뜬다.

마무리하기

1. 2장을 겹쳐서 돗바늘로 연결한다. 이때 반 코씩만 잡아 감침질로 연결한다.
2. 핀쿠션 속은 자투리 실이나 솜으로 채운다.
3. 16겹의 실을 가지런히 잡아서 그림과 같이 한 번의 매듭을 지어 콩 모양을 만들고, 글루건으로 끝을 정리한다.
4. 핀쿠션의 중앙에 붙이고 태그를 달아 완성한다.

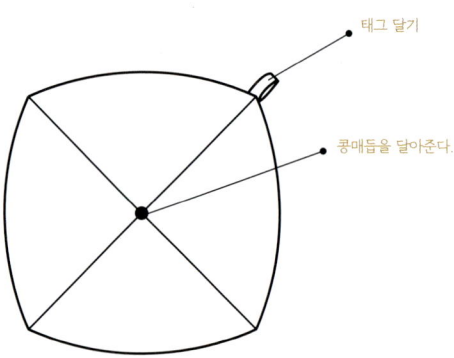

태그 달기
콩매듭을 달아준다.

※콩매듭 만들기

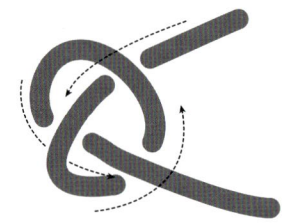

PART 1

부엉이 이불

재료 스키니 아란 아이보리 1800g
사용바늘 대바늘 6mm
게이지 메리야스 게이지 16코 22단

HOW TO MAKE

1. 스키니 아란 아이보리와 대바늘 6mm를 사용해서 일반코잡기로 190코를 잡는다. 가터뜨기로 10단을 뜬다.
2. 가터뜨기 6코, 부엉이 무늬 56코, 가터뜨기 5코, 메리야스뜨기 56코, 가터뜨기 5코, 부엉이 무늬 56코, 가터뜨기 6코로 무늬 순서를 잡아 90단을 뜬다.
3. 다시 가터뜨기 8단을 뜬 뒤 그림과 같이 메리야스뜨기, 부엉이 무늬, 메리야스뜨기로 90단을 뜬다.
4. 다시 가터뜨기 8단을 뜬 뒤 그림과 같이 부엉이 무늬, 메리야스뜨기, 부엉이 무늬로 90단을 뜬다.
5. 다시 가터뜨기 8단을 뜬 뒤 그림과 같이 메리야스뜨기, 부엉이 무늬, 메리야스뜨기로 90단을 뜬다.
6. 가터뜨기로 10단을 뜬 뒤 코막음한다.

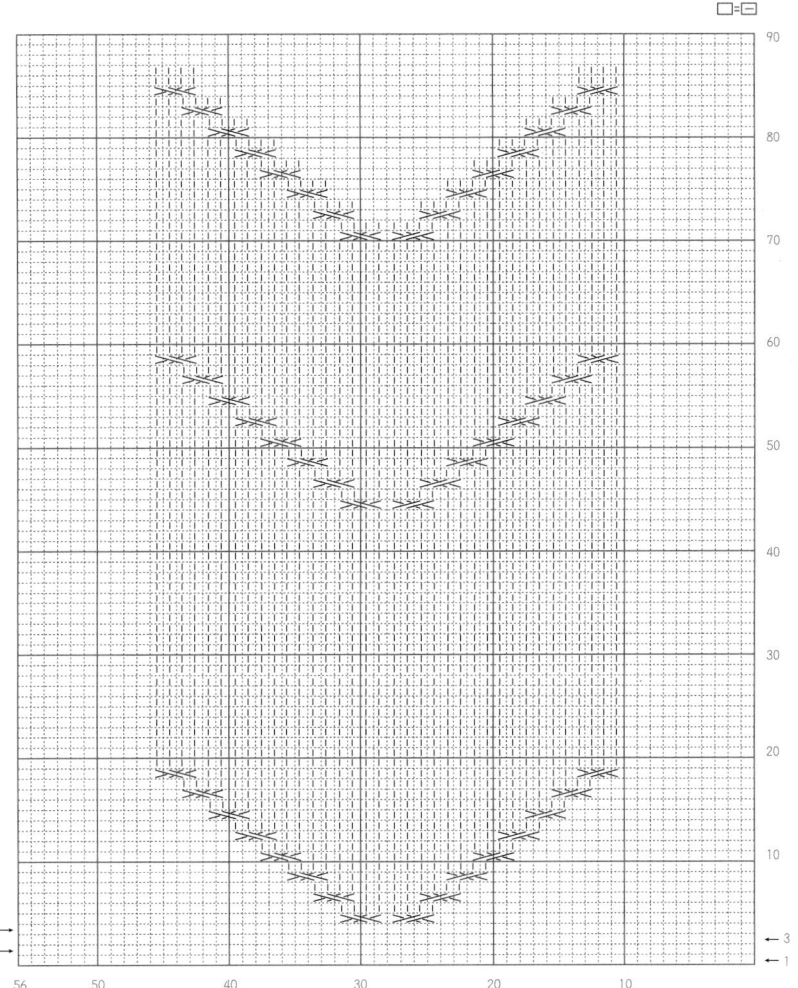

PART 1

부엉이 쿠션

재료 스키니 아란 자주 200g,
아이보리 200g, 단추 4개,
부엉이 눈 4개, 리본 2개
사용바늘 대바늘 6mm, 돗바늘
게이지 메리야스 게이지 16코
22단

HOW TO MAKE

앞판 뜨기

1. 스키니 아란 자주와 대바늘 6mm를 사용해서 일반코잡기 48코를 잡는다.
2. 도안의 쿠션 무늬뜨기로 64단을 뜬 후 코막음한다.

뒤판 뜨기

1. 스키니 아란 자주와 대바늘 6mm를 사용해서 일반코잡기 48코를 잡는다.
2. 메리야스뜨기로 42단을 뜬다.
3. 2 : 2 고무뜨기로 6단을 뜬 후 코막음한다. 이때 시작은 겉뜨기 3코로 한다.
4. 스키니 아란 자주와 대바늘 6mm를 사용해서 일반코잡기 48코를 잡는다.
5. 메리야스뜨기로 18단을 뜬다.
6. 시작은 겉뜨기 3코로 해서 2 : 2 고무뜨기로 3단을 뜬다. 4단째에 15코를 뜨고 2코 코막음, 14코 뜨고 2코 코막음한 뒤 15코를 뜬다. 5단째에 15코 뜨고 감아코 2코, 14코 뜨고 감아코 2코, 15코를 떠서 단춧구멍을 만들어준다. 6단까지 뜨고 코막음을 한다.

마무리하기

1. 앞, 뒤판을 잘 맞추어 옆선과 아래 그리고 뒤를 돗바늘로 꿰매어 잇는다. 뒤판 2장은 단춧구멍 부분이 위로 오게 해서 겹쳐놓고 앞판과 꿰맨다.
2. 단춧구멍의 위치에 단추를 달아준다.
3. 부엉이 눈 단추와 리본을 달아준 뒤 쿠션 솜을 넣는다.

※ 아이보리색도 뜨는 방법은 동일하다.

①

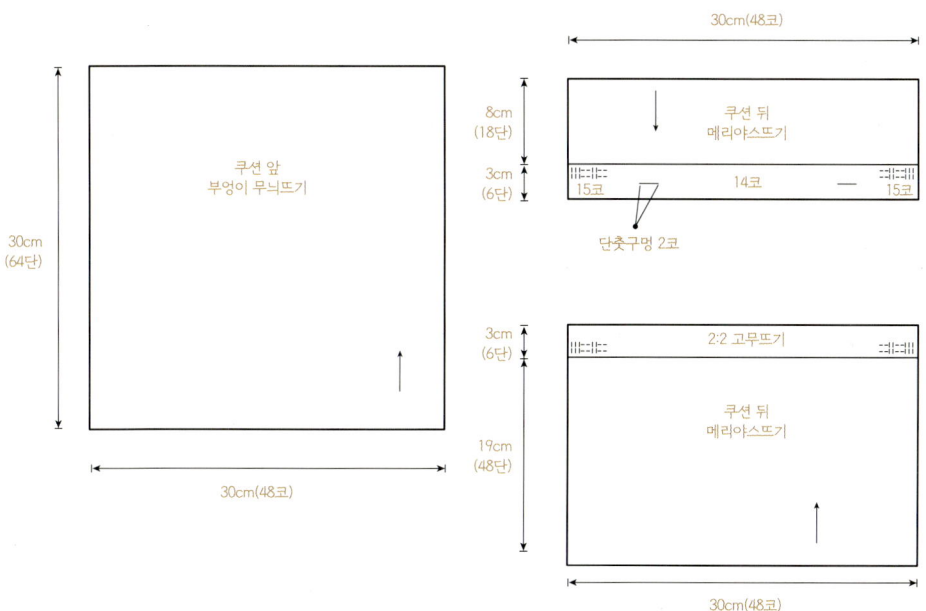

※단춧구멍 만들기

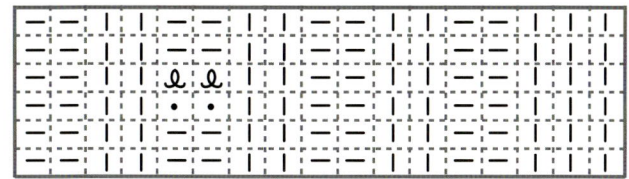

※쿠션 무늬뜨기(부엉이 무늬뜨기)

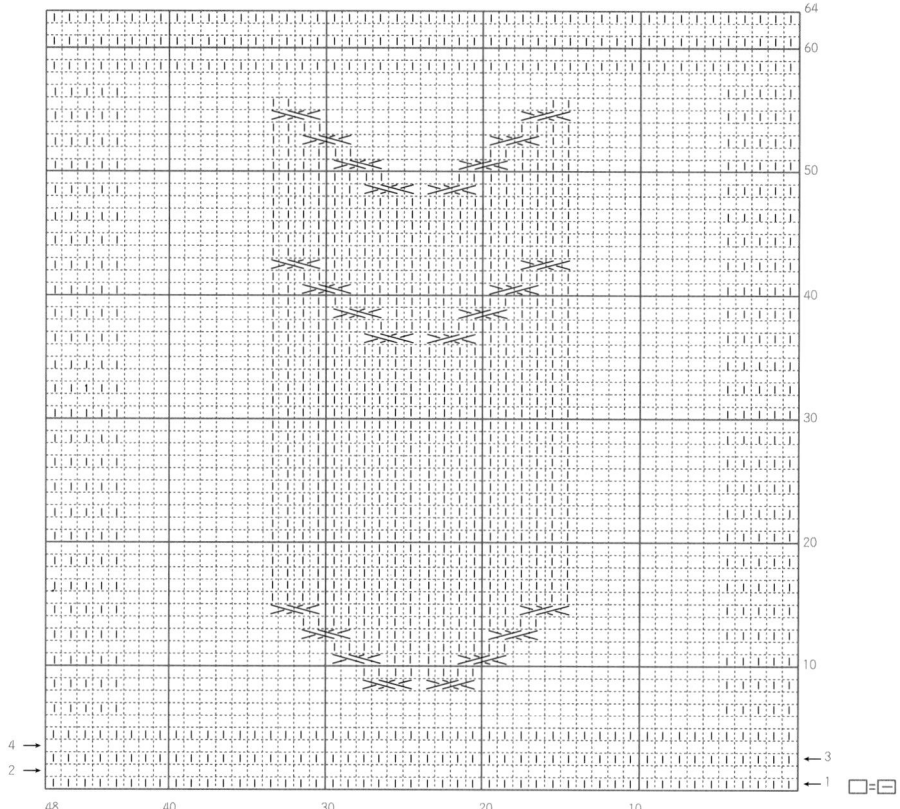

②

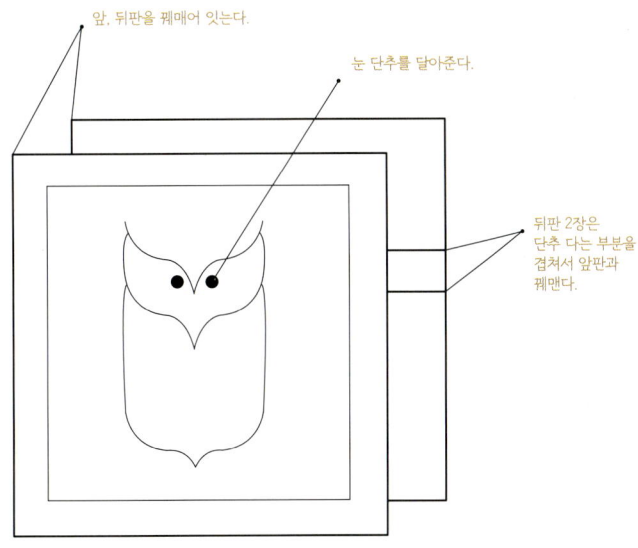

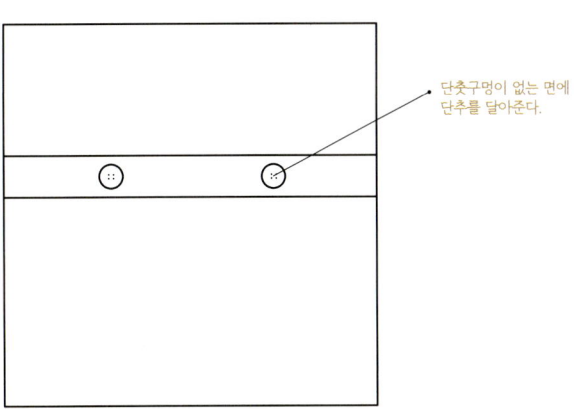

PART 1

축구공 (그레이)

재료 알비조 아이보리 50g,
진회색 50g, 검은색 100g
사용바늘 코바늘 7/0호, 돗바늘

HOW TO MAKE

1. 알비조 검은색과 코바늘 7/0호를 사용해서 원형코를 잡아 짧은뜨기로 5코를 뜬다. 도안과 같이 2단째부터는 코를 늘리면서 4단까지 뜬다. 꿰맬 실은 여유를 두고 자른다. 같은 방법으로 검은색 오각형 모양을 11개를 더 뜬다.
2. 알비조 아이보리색으로 원형코를 잡아 짧은뜨기 6코를 뜬다. 도안과 같이 2단째부터는 코를 늘리면서 5단까지 뜨고, 6단째는 검은색 실로 바꾸어서 뜬다. 같은 방법으로 육각형 모양을 9개를 더 뜬다. 같은 방법으로 진회색도 10개를 뜬다.

마무리하기

1. 검은색 오각형을 중심으로 6각 모티프를 연결하면서 공을 완성한다. 모티프 배색은 도안의 그림과 같이 한다. 연결할 때는 각 모티프의 반 코씩을 잡아 감침질로 연결한다.
2. 마지막 모티프 한 개는 연결을 하지 않고 떠놓은 조직 안에 탱탱볼을 넣어 공 모양을 만든 뒤 마지막 모티프를 연결한다.

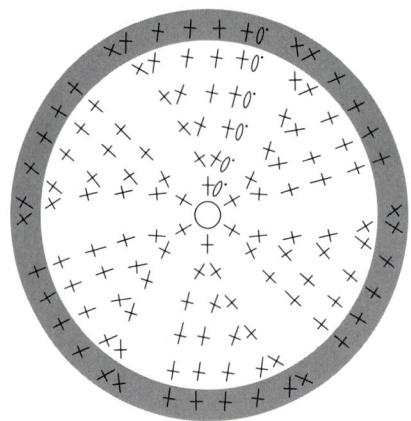

아이보리 10개, 진회색 10개

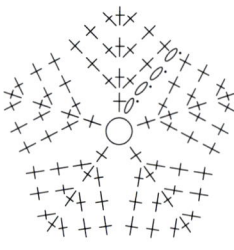

검은색 12개

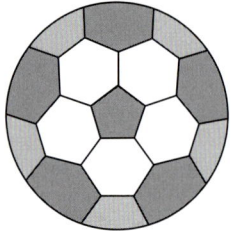

탱탱볼을 안에 넣어
공 모양을 만들어준다.

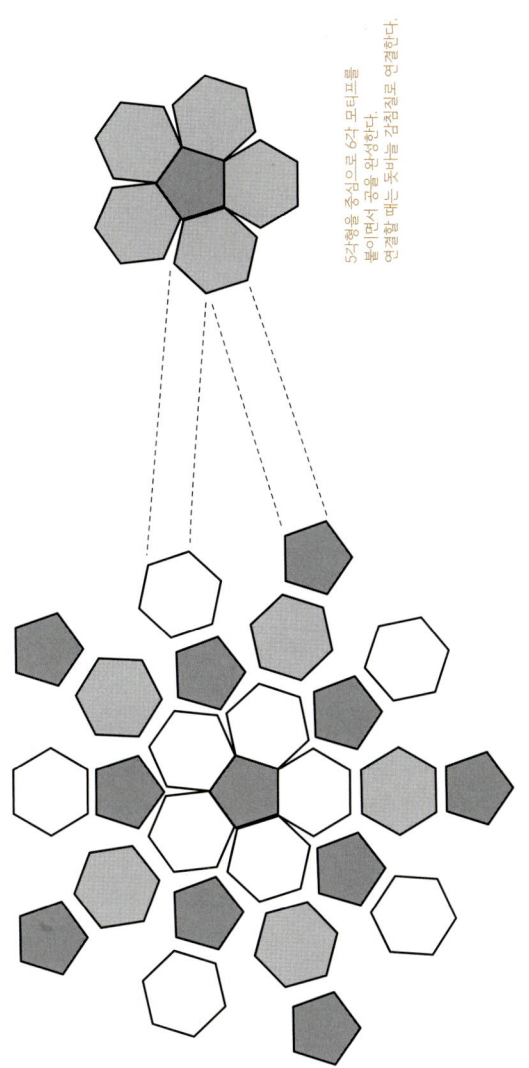

5각형을 중심으로 6각 모티프를 붙이면서 공을 완성한다.
연결할 때 突바는 검침질로 연결한다.

PART 1

축구공 (레드)

재료 스키니 아란 자주색 100g, 검은색 40g, 진회색 40g, 연회색 40g
사용바늘 코바늘 7/0호, 돗바늘

HOW TO MAKE

1. 스키니 아란 자주색과 코바늘 7/0호를 사용해서 원형코를 잡아 짧은뜨기로 5코를 뜬다. 도안과 같이 2단째부터는 코를 늘리면서 4단까지 뜬다. 꿰맬 실은 여유를 두고 자른다. 같은 방법으로 자주색 오각형 모양을 11개를 더 뜬다.
2. 데님 아란 검은색으로 원형코를 잡아 짧은뜨기 6코를 뜬다. 도안과 같이 2단째부터는 코를 늘리면서 5단까지 뜨고, 6단째는 자주색 실로 바꾸어서 뜬다. 같은 방법으로 육각형 모양을 6개를 더 뜬다. 같은 방법으로 진회색 6개, 연회색 7개를 뜬다.

마무리하기

1. 자주색 오각형을 중심으로 6각 모티프를 연결하면서 공을 완성한다. 모티프 배색은 도안의 그림과 같이 한다. 연결할 때는 각 모티프의 반 코씩을 잡아 감침질로 연결한다.
2. 마지막 모티프 한 개는 연결하지 않고 떠놓은 조직 안에 탱탱볼을 넣어 공 모양을 만든 뒤 마지막 모티프를 연결한다.

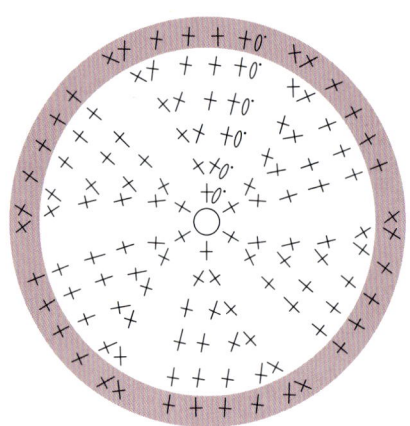

검은색 7개, 진회색 6개, 연회색 7개

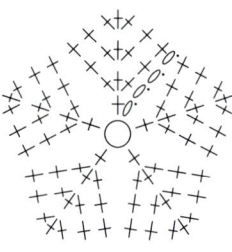

자주색 12개

탱탱볼을 안에 넣어
공 모양을 만들어준다.

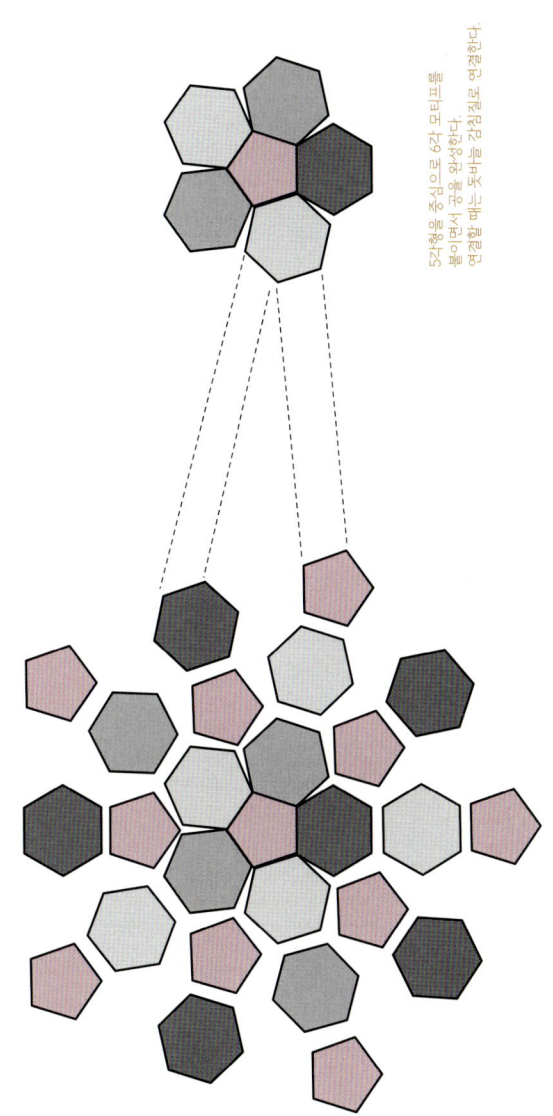

5각형을 중심으로 6각 모티프를 붙이면서 공을 완성한다. 연결할 때는 돗바늘 감침질로 연결한다.

꽈배기 이불

재료 스키니 아란 아이보리 3000g
사용바늘 대바늘 6mm
게이지 메리야스 게이지 16코 22단, 1무늬 24코 64단

HOW TO MAKE

이불 뜨기

1. 스키니 아란 아이보리와 대바늘 6mm를 사용해서 일반코잡기로 270코를 잡아 가터뜨기로 14단을 뜬다.
2. 분산 늘림으로 11코를 늘려 281코로 만들고, 가터뜨기 8코, A무늬(24코), B무늬(24코), A무늬(24코), B무늬(24코), A무늬(24코), B무늬(24코), A무늬(24코), B무늬(24코), A무늬(24코), B무늬(24코), A무늬(24코), 겉뜨기 1코, 가터뜨기 8코로 무늬를 만들어 384단을 뜬다.
3. 가터뜨기로 14단을 뜬 뒤 코막음한다.

① 무늬뜨기

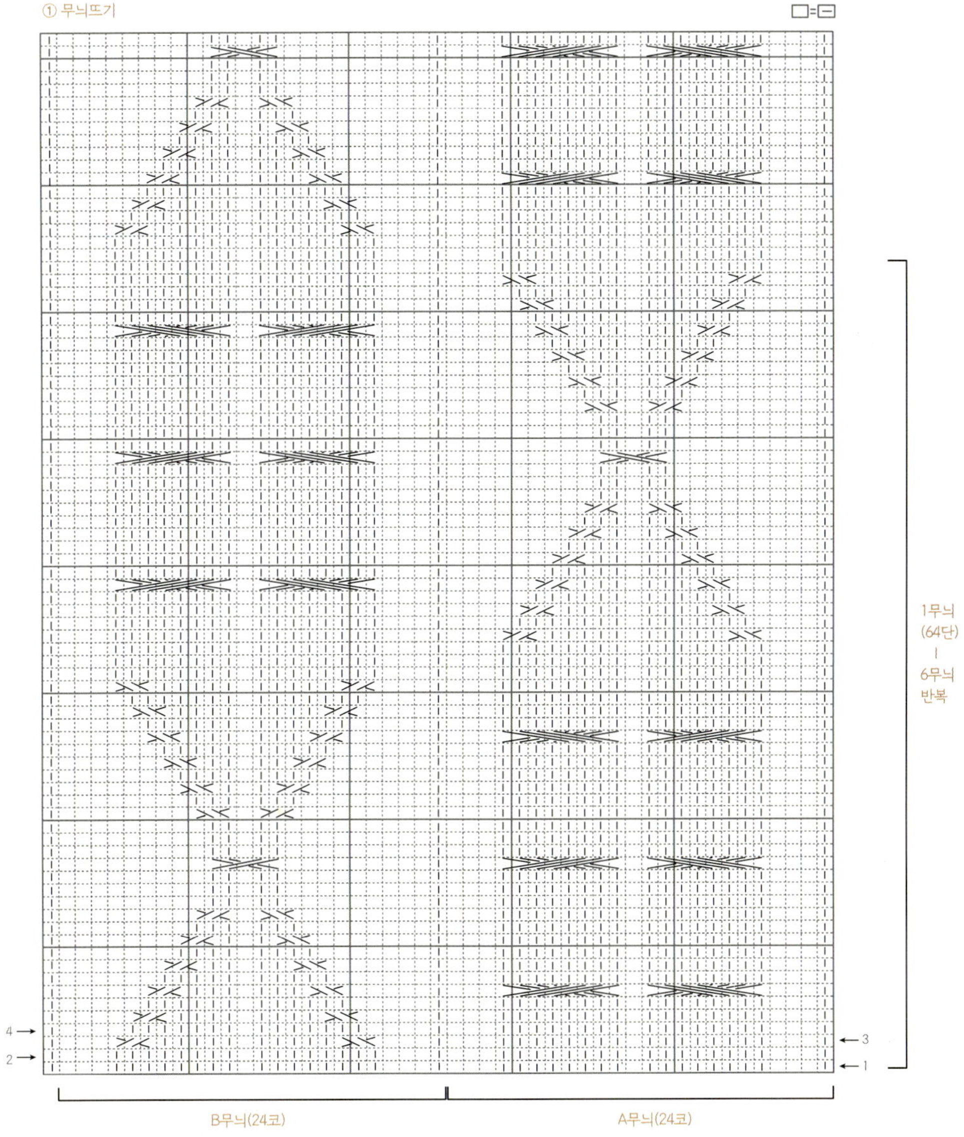

②

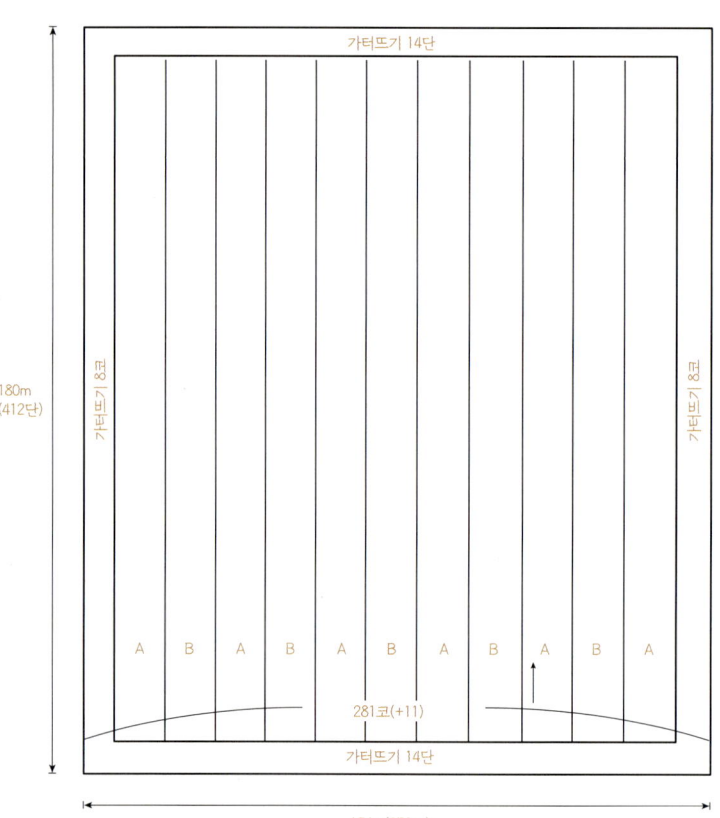

PART 1

러그

재료 빅볼 소프트 빨강 2400g
사용바늘 코바늘 17/0호

HOW TO MAKE

1. 가는 모사로 원형을 만든 후 빅볼 소프트 빨강과 코바늘 17/0호를 사용해서 짧은뜨기를 8코 만든다.
2. 도안과 같이 각 모서리에서 코를 늘리면서 27단을 뜬다. 이때 기둥코는 뜨지 않고 바로 다음 단으로 짧은뜨기를 한다.

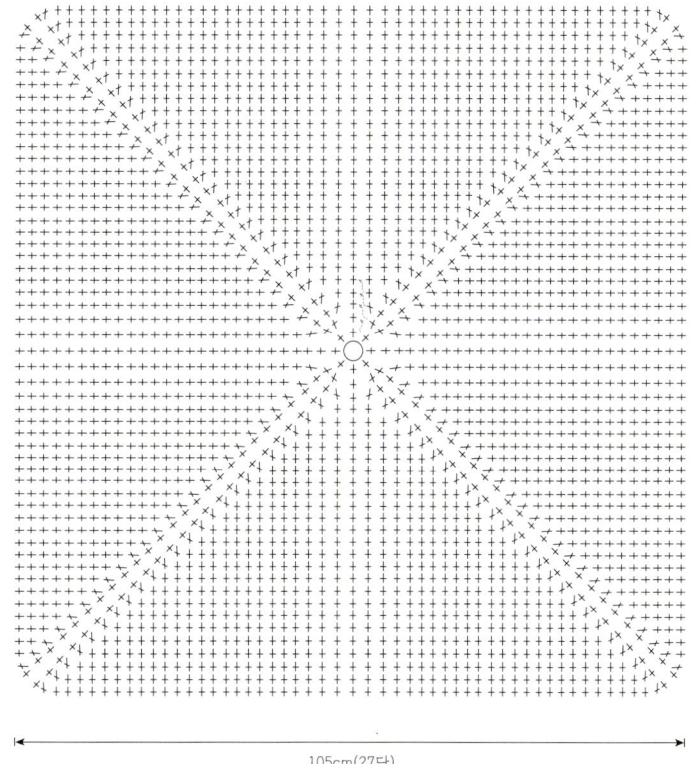

105cm(27단)

꽈배기 쿠션

재료 스키니 아란 아이보리 400g, 단추 3개, 쿠션 솜
사용바늘 대바늘 6mm, 돗바늘
게이지 메리야스 게이지 16코 22단

HOW TO MAKE

앞판 뜨기

1. 스키니 아란 아이보리와 대바늘 6mm를 사용해서 일반코잡기로 68코를 잡아 도안의 무늬뜨기를 뜬다.
2. 도안과 같이 무늬 한쪽은 2-1-1, 3-1-1을 반복해서 37코를 줄이고, 한쪽은 2-1-1, 3-1-1을 18번 반복해서 36코를 늘리고 2-1-1을 한 번 더 뜬다. 총 37코를 늘리면서 96단을 뜬 뒤 코막음한다.

뒤판 뜨기

1. 스키니 아란 아이보리와 대바늘 6mm를 사용해서 일반코잡기로 68코를 잡아 안메리야스뜨기로 60단을 뜬다. (안메리야스가 겉면)
2. 61단째는 겉뜨기 3코, 안뜨기 2코, 겉뜨기 2코로 2 : 2 고무뜨기를 6단 한 뒤 코막음한다.
3. 스키니 아란 아이보리색과 대바늘 6mm를 사용해 일반코잡기로 68코를 잡아 안메리야스뜨기로 30단을 뜬다.
4. 31단째에 겉뜨기 3코, 안뜨기 2코, 겉뜨기 2코로 2 : 2 고무뜨기를 3단 한다.
5. 4단째에는 2 : 2 고무뜨기로 뜨면서 도안과 같이 13코 뜨고 2코 코막음, 18코 뜨고 2코 코막음, 18코 뜨고 2코 코막음, 13코를 뜬다. (단춧 구멍)
6. 5단째에는 2 : 2 고무뜨기로 뜨면서 도안과 같이 13코 뜨고 2코 감아코, 18코 뜨고 2코 감아코, 18코 뜨고 2코 감아코, 13코를 뜬다.
7. 6단째는 2 : 2 고무뜨기를 하고 코막음한다.

마무리하기

1. 앞, 뒤판을 맞대고 전체 둘레를 돗바늘로 꿰매어 연결한다. 이때 뒤판은 단춧구멍 부분이 겉쪽으로 나오게 겹쳐서 연결한다.
2. 단춧구멍 위치에 단추를 달고 솜을 넣는다.

※쿠션무늬뜨기

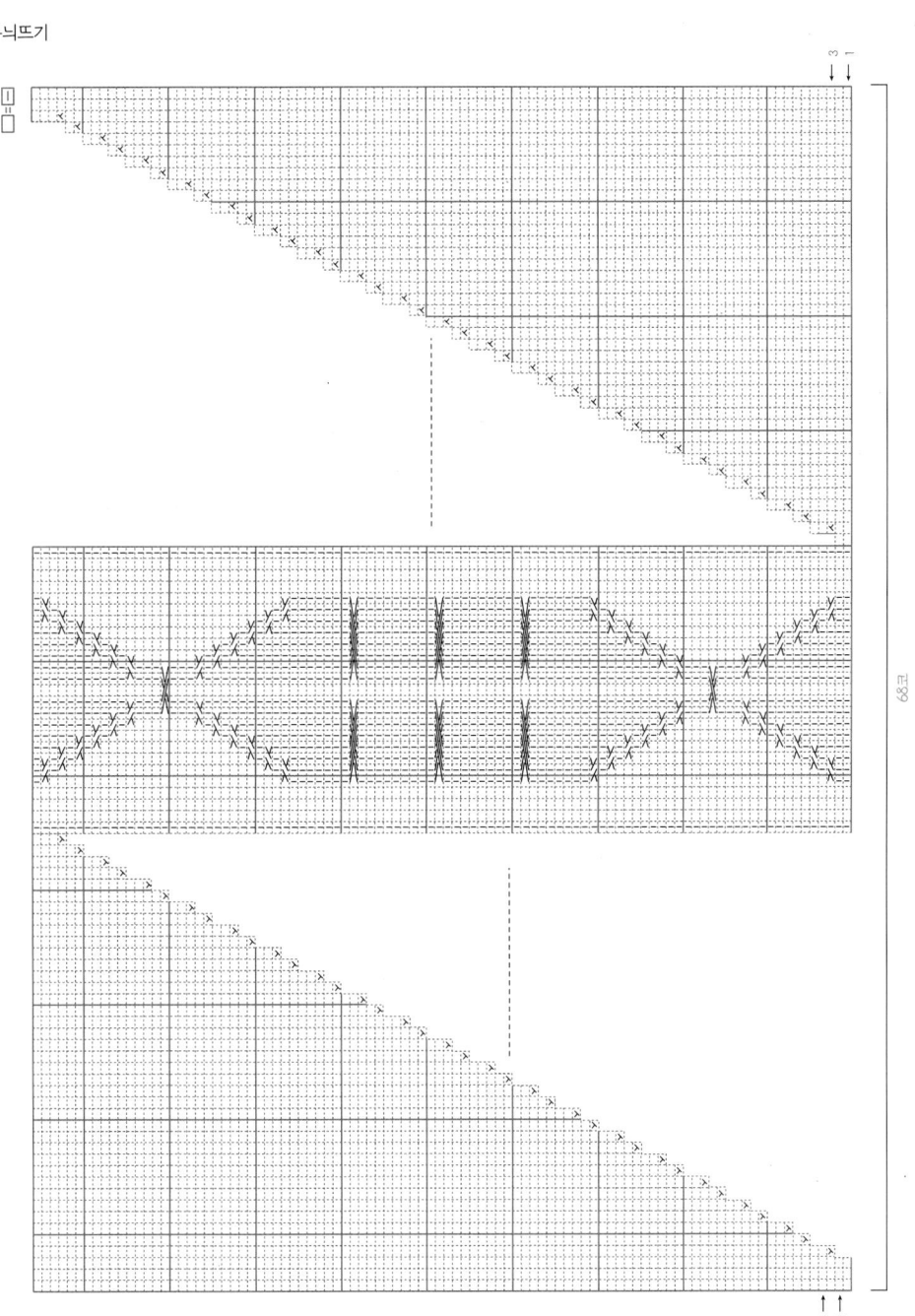

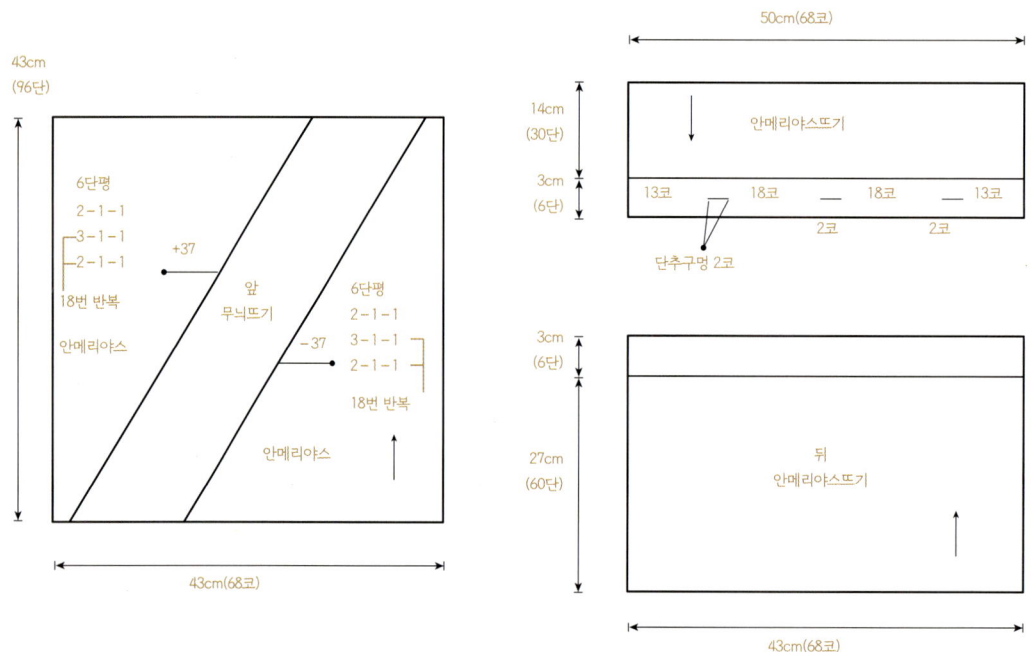

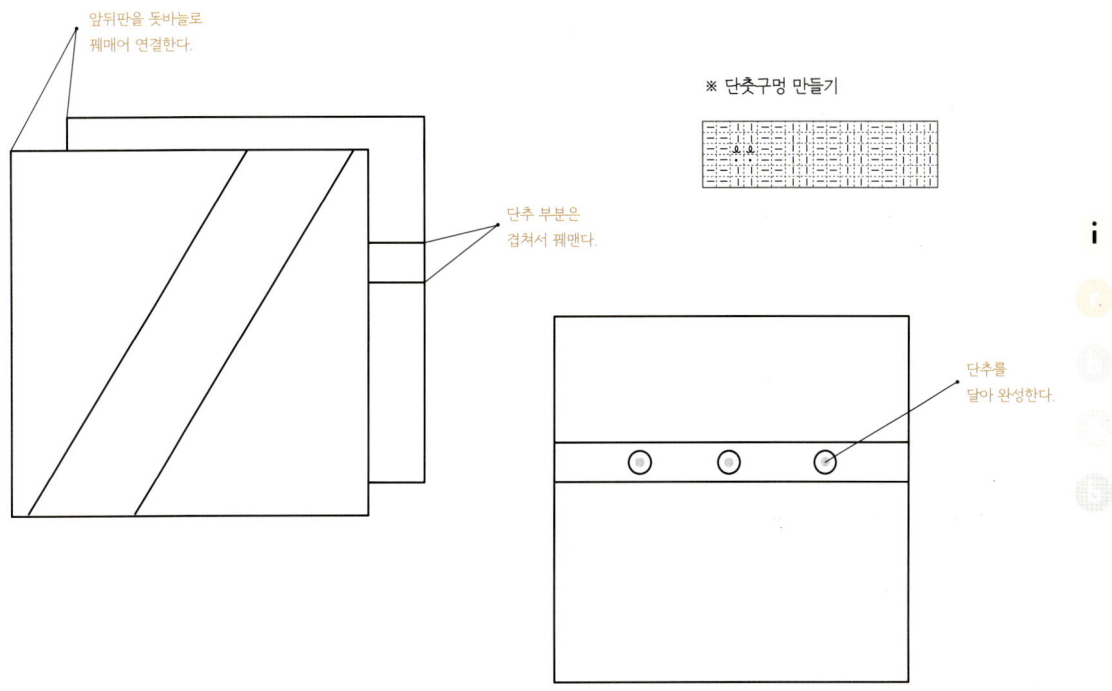

PART 2

정육면체 무릎담요

재료 스키니 트위드 연회색 400g, 파랑 200g, 아이보리색 150g
사용바늘 대바늘 4mm, 대바늘 4.5mm, 돗바늘
게이지 메리야스 게이지 19코 26단

HOW TO MAKE

1. 대바늘 4.5mm를 사용해 나중에 풀어낼 실을 가지고 162코를 잡아 가로 부분 테두리를 먼저 뜬다.
2. 스키니 트위드 파란색으로 메리야스뜨기 6단, 4mm 바늘로 바꾸어 회색으로 도안처럼 2-1-19로 늘리면서 가터뜨기 30단, 파란색으로 가터뜨기 4단을 뜬 뒤 안뜨기를 뜨면서 코막음한다.
3. 1번 조직의 처음 시작 부분의 실을 풀어내고 4.5mm 바늘로 162코를 잡아 배색 무늬뜨기로 253단을 뜬다. 이때 처음 시작과 마지막 코는 시접코 1코씩으로 두어 20코 1무늬를 8번 반복한다.
4. 253단을 뜬 뒤 파란색으로 메리야스뜨기 6단, 4mm 바늘로 바꾸어 회색으로 도안처럼 2-1-19로 늘리면서 가터뜨기 30단, 파란색으로 가터뜨기 4단을 뜬 뒤 안뜨기를 하면서 코막음한다.
5. 세로 부분에서 176코를 잡아 아래, 위 테두리 뜬 방법으로 양옆 부분을 뜬다.
6. 4군데 대각선으로 떨어져 있는 모서리 부분을 돗바늘로 꿰매어 연결한다.

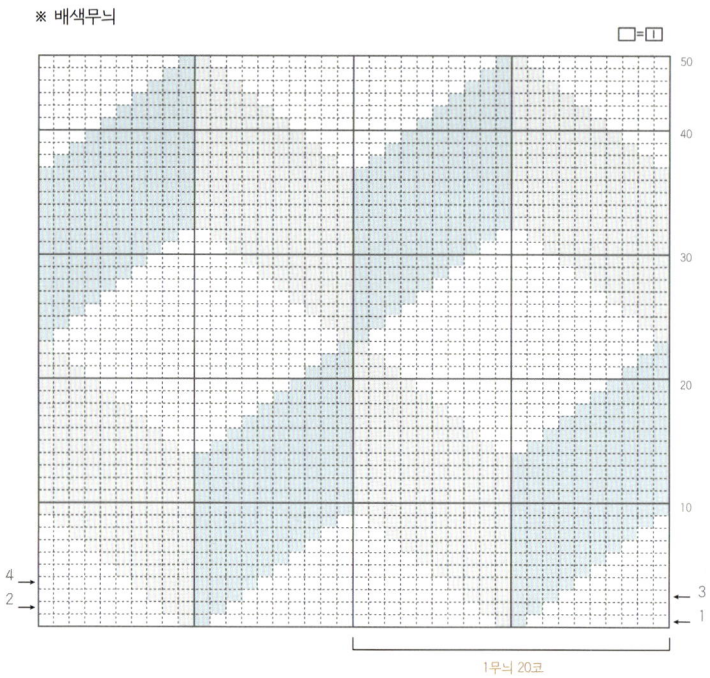

※ 배색무늬

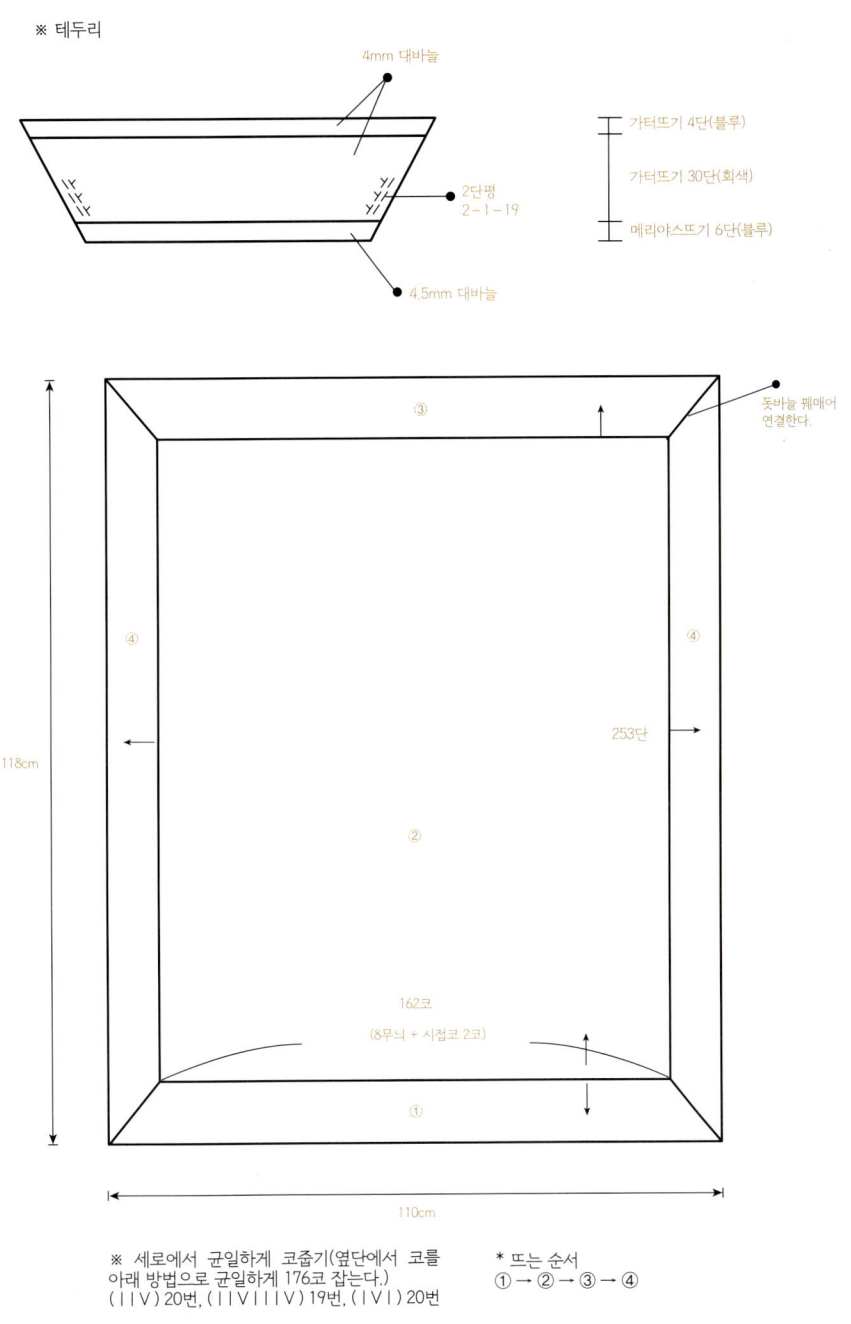

꽈배기 버선

재료 스키니 트위드 아이보리 100g, 가죽 장식 2개, 단추 2개, 가죽 태그 2개
사용바늘 대바늘 3.5mm, 코바늘 5/0호, 돗바늘
게이지 메리야스 게이지 19코 26단

HOW TO MAKE

바닥 뜨기

1. 스키니 트위드 아이보리와 코바늘 5/0호를 사용해서 사슬코 30코를 잡아 도안과 같이 덧신 바닥을 뜬다.
2. 같은 방법으로 한 장을 더 뜬다.

옆면 뜨기

1. 스키니 트위드 아이보리와 대바늘 3.5mm를 사용해서 일반코잡기로 21코를 잡아 도안의 무늬뜨기로 뜬다. 이때 양옆을 도안과 같이 6코씩 총 12코 늘리면서 뜬다.
2. 코를 늘려 33코를 가지고 무늬뜨기로 24단을 뜬다.
3. 25단째 16코를 뜨고 나머지 17코는 쉼코로 둔다. 16코만 가지고 40단을 뜬 뒤 쉼코로 둔다.
4. 쉼코로 두었던 17코에 새 실을 걸어 1코 코막음을 하고 나머지 16코로 40단을 뜬 뒤 쉼코로 둔다.
5. 뒤꿈치 부분은 겉과 겉을 맞대고 두 코를 한꺼번에 떠서 코막음의 방법으로 연결한다.

마무리하기

1. 떠놓은 옆면과 바닥은 돗바늘을 사용해서 감침질로 연결한다.
2. 1코 코막음을 한 부분에 가죽 장식과 단추를 달아준다.

※ 옆면

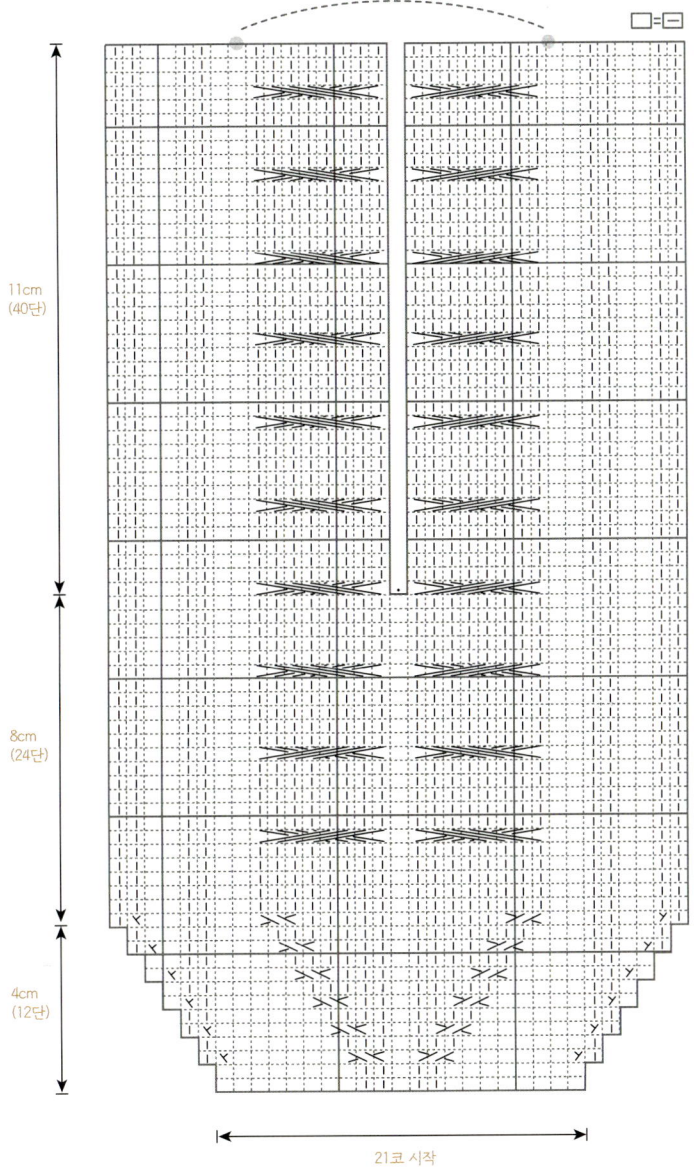

11cm
(40단)

8cm
(24단)

4cm
(12단)

21코 시작

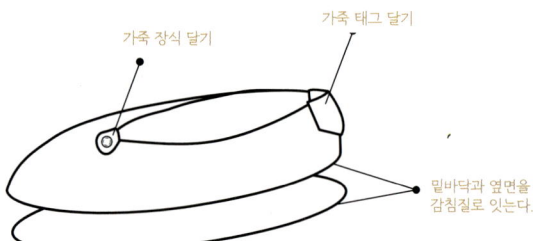

※ 바닥

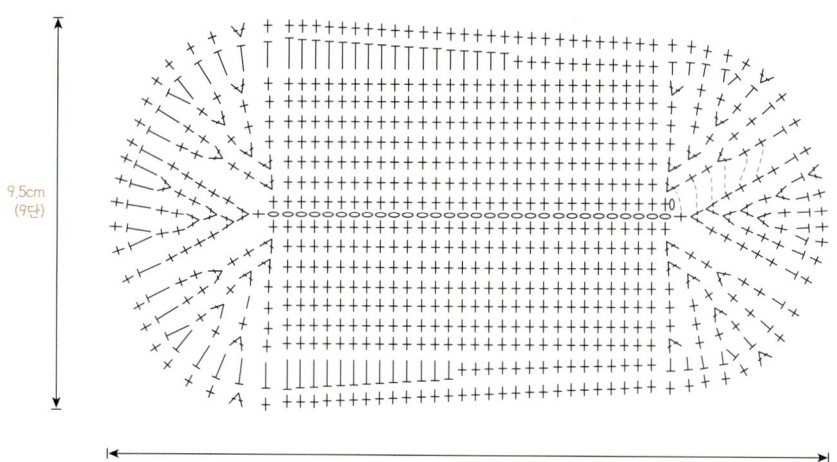

9.5cm (9단)

21cm (30코)

별 모양 담요

재료 스키니 아란 파란색 900g, 회색 800g, 연회색 300g
사용바늘 대바늘 6mm, 돗바늘
게이지 메리야스 게이지 16코 22단

HOW TO MAKE

모티프 뜨기

1. 스키니 아란 파란색과 대바늘 6mm를 사용해서 일반코잡기로 3코를 잡는다.
2. 겉뜨기로 1단을 뜨고, 2단째에 안뜨기로 뜨고 1코를 늘린다.(1코 뜨고 왼코 늘리기) 다시 겉뜨기로 뜨면서 1코를 늘린다.(1코 뜨고 왼코 늘리기)
3. 4단째부터는 2단에 1번씩 양쪽으로 늘리면서 22단을 뜬다.
4. 24단째부터는 2단에 1번씩 코를 줄이면서 43단까지 뜨고 44단째 중심 3코 모으기를 해서 3코로 줄인 뒤 코막음한다.
5. 같은 방법으로 파란색은 39장을 더 뜨고, 회색은 40장, 연회색은 15장을 뜬다.
6. 1/2 모티프 - 전체 모티프의 늘림 부분까지만 뜨고 코막음한다. 파란색 10장, 연회색 5장을 뜬다.

마무리하기

1. 그림과 같이 파란색 모티프 5장을 꽃 모양으로 꿰매어 연결하고 나머지 회색, 연회색도 연결한다. 1/2 모티프의 제 위치에 연결한다.
2. 전체 둘레에서 655코를 잡은 뒤 회색으로 가터뜨기 4단, 파란색으로 가터뜨기 5단을 뜬 뒤 코막음한다.

※ 모티프 뜨기

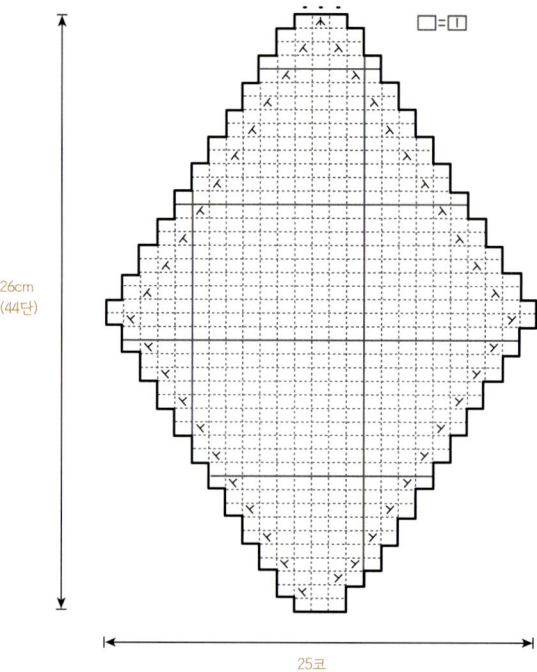

※ 2/1 모티프 뜨기

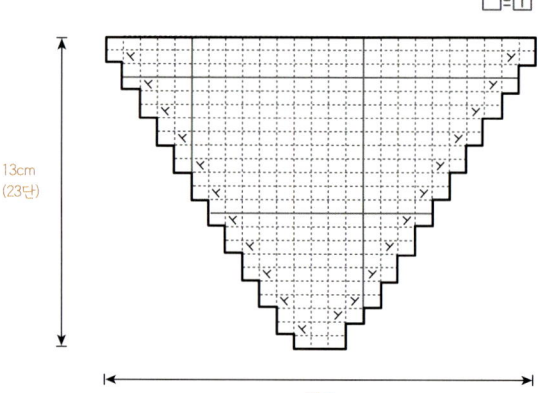

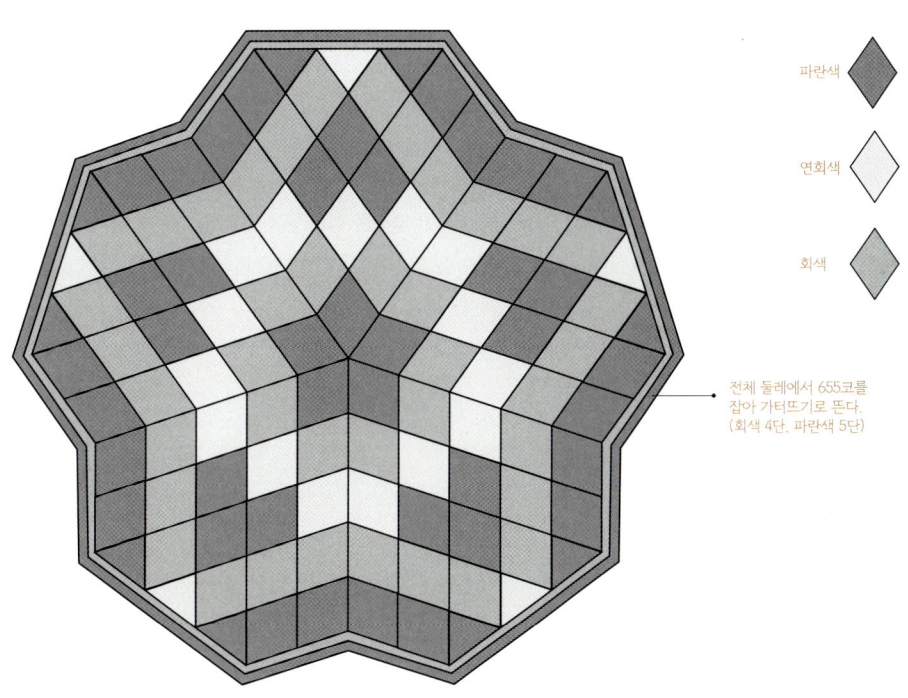

파란색

연회색

회색

전체 둘레에서 655코를
잡아 가터뜨기로 뜬다.
(회색 4단, 파란색 5단)

PART 2

덧버선

재료 데님 트위드 연회색 120g, 가죽 장식
사용바늘 대바늘 4mm, 돗바늘

HOW TO MAKE

1. 데님 트위드 연회색으로 대바늘 3.5mm를 사용하여 일반코잡기로 9코를 잡는다.
2. 안뜨기로 1단을 뜨고 도안과 같이 2단에 1코씩 모서리 부분에서 늘리면서 15단을 뜬 후 코막음을 한다. 코막음을 할 때는 느슨하게 해준다.
3. 처음 시작 부분의 9코에서 돗바늘로 1코씩 잡아 모아서 잡아당겨 오므려준다.
4. 트임 부분을 반 코씩 잡아서 꿰매어 잇는다.
3. 같은 방법으로 11장을 더 뜬다.

마무리하기

1. 도안의 그림과 같이 중앙의 4장을 먼저 잇는다.
2. 이을 때는 코막음을 한 코의 반 코씩만 잡아 감침질로 연결한다.
3. 나머지 모티브 2개는 그림과 같이 놓고, 같은 기호끼리 감침질로 연결한다.
4. 같은 방법으로 한쪽 덧신을 꿰매어 연결한다.
5. 뒤꿈치 부분에 가죽 장식을 달아준다.

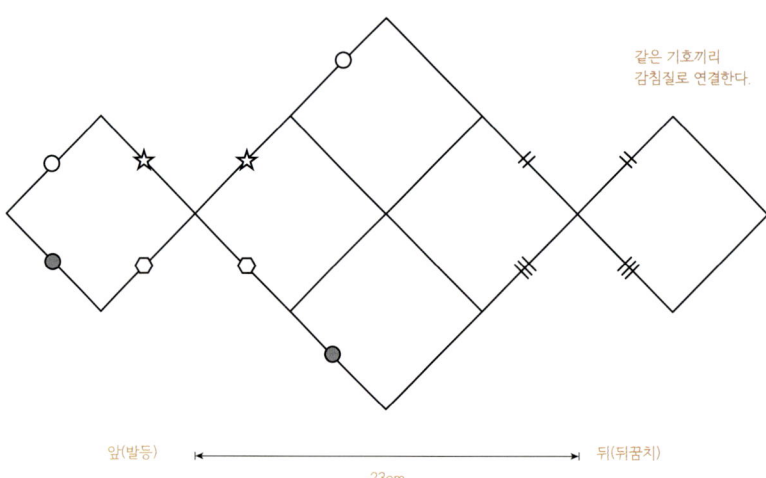

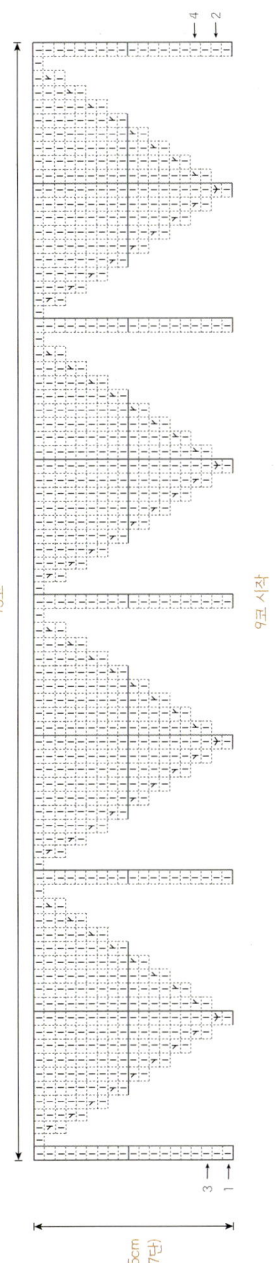

PART 2

소프트 쿠션

재료 빅볼 소프트 빨강 200g, 아이보리 200g, 스키니 트위드 150g, 아이보리 100g, 검정 100g, 단추 빨강 4개, 아이보리 4개, 검정 4개
사용바늘 코바늘 4/0호, 돗바늘

HOW TO MAKE

앞판
1. 스키니 트위드 빨강과 코바늘 4/0호를 사용해서 사슬뜨기로 94코를 잡는다.
2. 도안과 같이 사슬 3코 기둥코를 세운 뒤 빅볼 소프트사를 사슬뜨기한 위로 올려놓는다. 빅볼 소프트사 위에 도안과 같이 모눈뜨기를 지그재그로 해주면서 35단을 뜬다.

뒤판
1. 사슬뜨기로 80코를 잡아 한길 긴뜨기로 26단을 뜬 뒤 짧은뜨기 3단, 빼뜨기 1단을 뜬다.
2. 사슬뜨기로 80코를 잡아 한길 긴뜨기로 15단을 뜬 뒤 짧은뜨기 3단, 빼뜨기 1단을 뜬다. 이때 짧은뜨기 14코, 사슬 3코, 짧은뜨기 13코, 사슬 3코, 짧은뜨기 14코, 사슬 3코, 짧은뜨기 14코, 사슬 3코, 짧은뜨기 14코를 뜨면서 단춧구멍을 만들어준다.

①

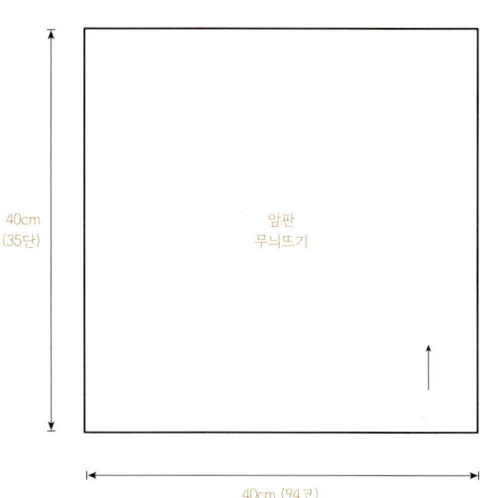

※ 뒷판

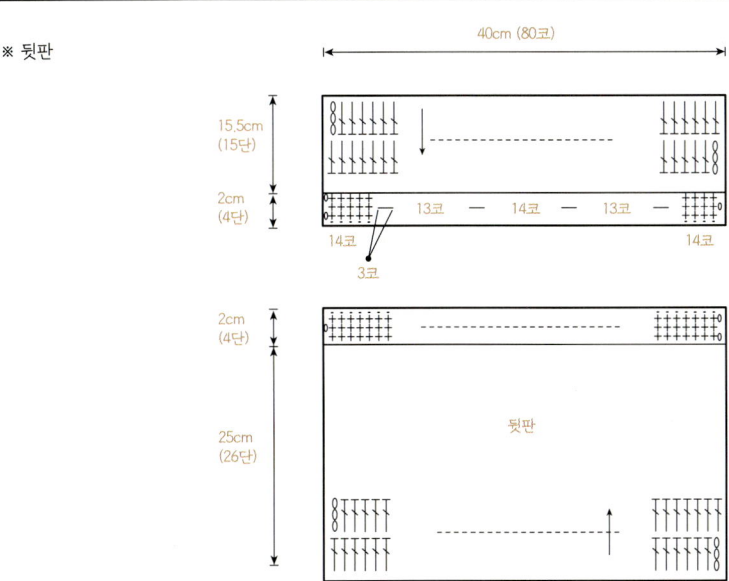

※ 단춧구멍 만들기

※ 앞판(무늬뜨기)

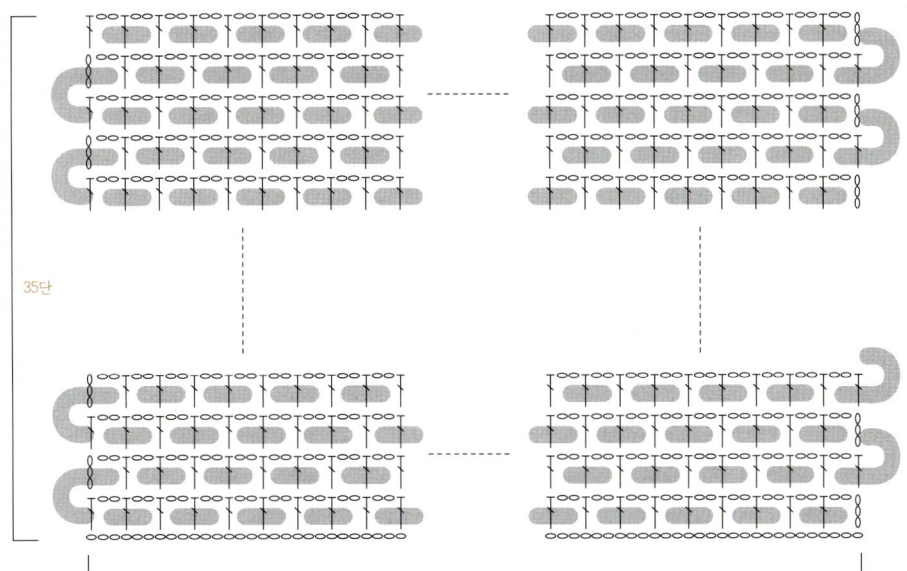

②

※ 연결하기

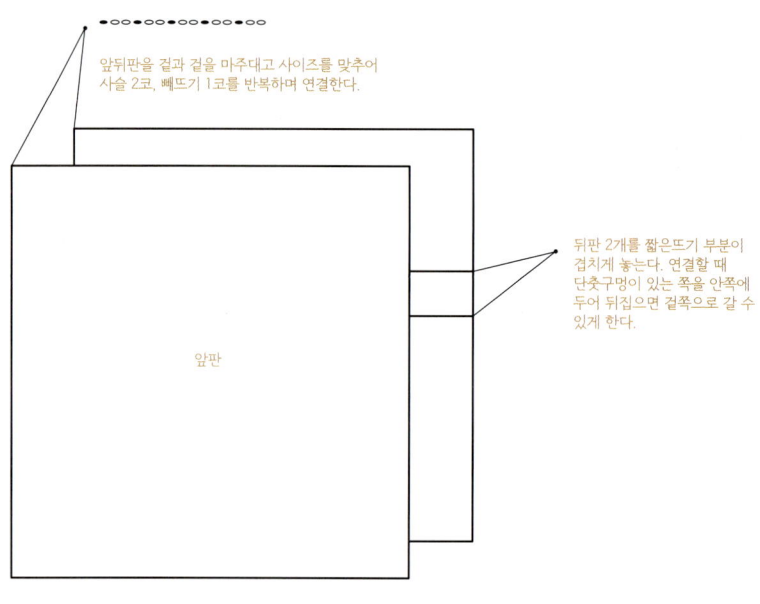

앞뒤판을 겉과 겉을 마주대고 사이즈를 맞추어
사슬 2코, 빼뜨기 1코를 반복하며 연결한다.

뒤판 2개를 짧은뜨기 부분이
겹치게 놓는다. 연결할 때
단춧구멍이 있는 쪽을 안쪽에
두어 뒤집으면 겉쪽으로 갈 수
있게 한다.

앞판

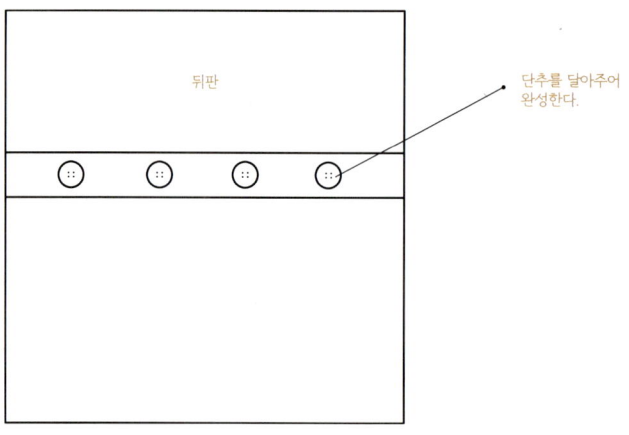

뒤판

단추를 달아주어
완성한다.

PART 2

원형 러그

재료 빅볼 소프트 회색 5000g
사용바늘 코바늘 17/0호

HOW TO MAKE

1. 가는 모사로 원형을 만든 후 빅볼 소프트 회색과 코바늘 17/0호 바늘을 사용해 짧은뜨기 8코를 만든다.
2. 도안과 같이 매단 늘리는 자리에서 8코씩을 늘리면서 33단을 뜬다. 이때 기둥코는 세우지 않고 바로 다음 단에 짧은뜨기를 한다.
3. 34단째에는 짧은뜨기 22코를 하고 늘리기, 32코마다 늘리기 7번을 한다.
4. 35단째에는 짧은뜨기 12코를 하고 늘리기, 33코마다 늘리기 7번을 한다.

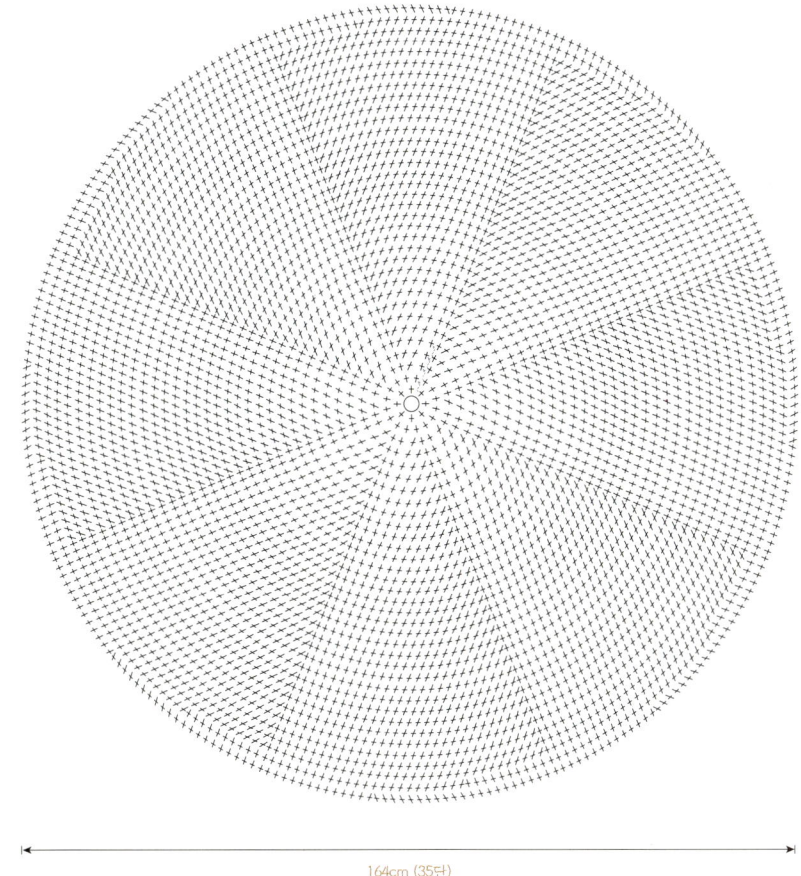

164cm (35단)

소프트 이불

재료 빅볼 소프트 회색 1100g,
스키니 트위드 검정 300g
사용바늘 코바늘 4/0호

HOW TO MAKE

1. 스키니 트위드 검정과 코바늘 4/0호를 사용해서 사슬뜨기로 265코를 잡는다.
2. 도안과 같이 사슬 3코 기둥코를 세운 뒤 빅볼 소프트사를 사슬뜨기한 위로 올려 놓는다. 빅볼 소프트사 위에 도안과 같이 지그재그로 모눈뜨기를 해 주면서 104단을 뜬다.

마무리하기

스키니 트위드 검정과 코바늘 4/0호를 사용해서 전체 둘레를 짧은뜨기로 뜬다. 이때 각 모서리 1코에 짧은뜨기 3코씩 뜨면서 2단을 뜨고 되돌아 짧은뜨기를 1단을 떠서 마무리한다.

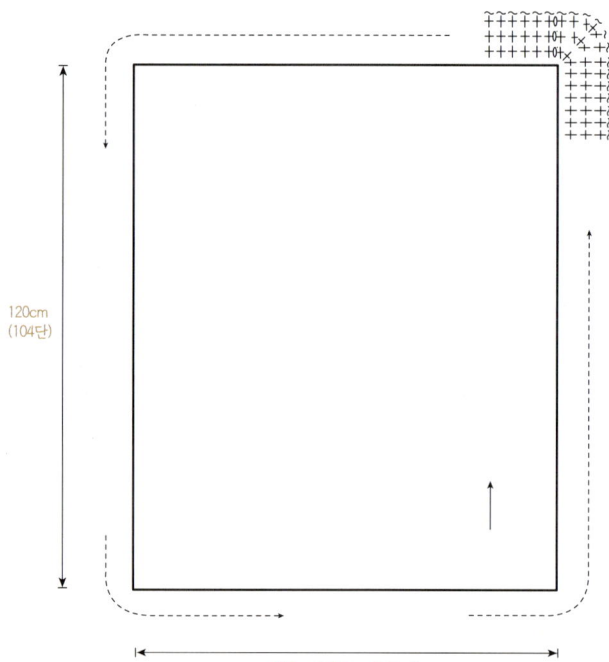

120cm (104단)

102cm(265코 - 88무늬)

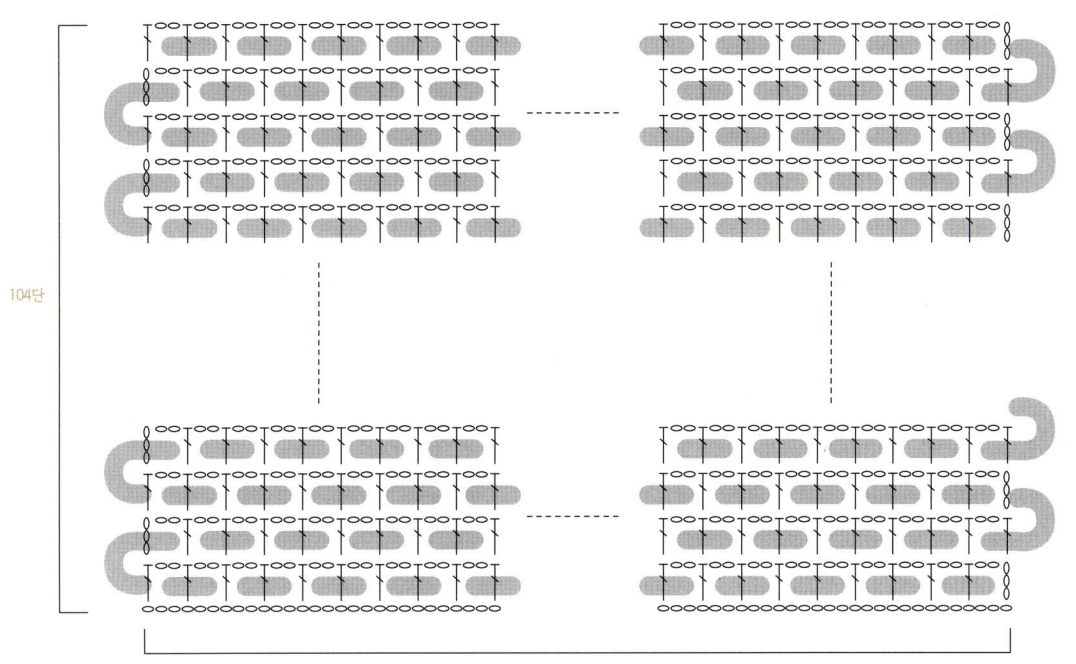

PART 2

원형 쿠션

재료 빅볼 소프트 연회색 800g, 진회색 800g, 50cm 둥근 솜 2개
사용바늘 코바늘 17/0호, 돗바늘

HOW TO MAKE

1. 가는 모사로 원형을 만든 후 빅볼 소프트 연회색으로 코바늘 17/0호 바늘을 사용해 짧은뜨기 8코를 만든다. 2번째 단부터는 이랑뜨기를 한다.
2. 도안과 같이 매단 늘리는 자리에서 8코씩을 늘리면서 11단을 뜬다. 이때 기둥코는 세우지 않고 바로 다음 단에 짧은뜨기를 한다.
3. 같은 방법으로 1장을 더 뜬다.
4. 두 장을 맞대어 중간에 쿠션 솜을 넣고 돗바늘로 꿰맨다. 이때 양 끝코 반 코씩을 돗바늘로 꿰매어 연결한다.

※ 진회색도 같은 방법으로 만든다.

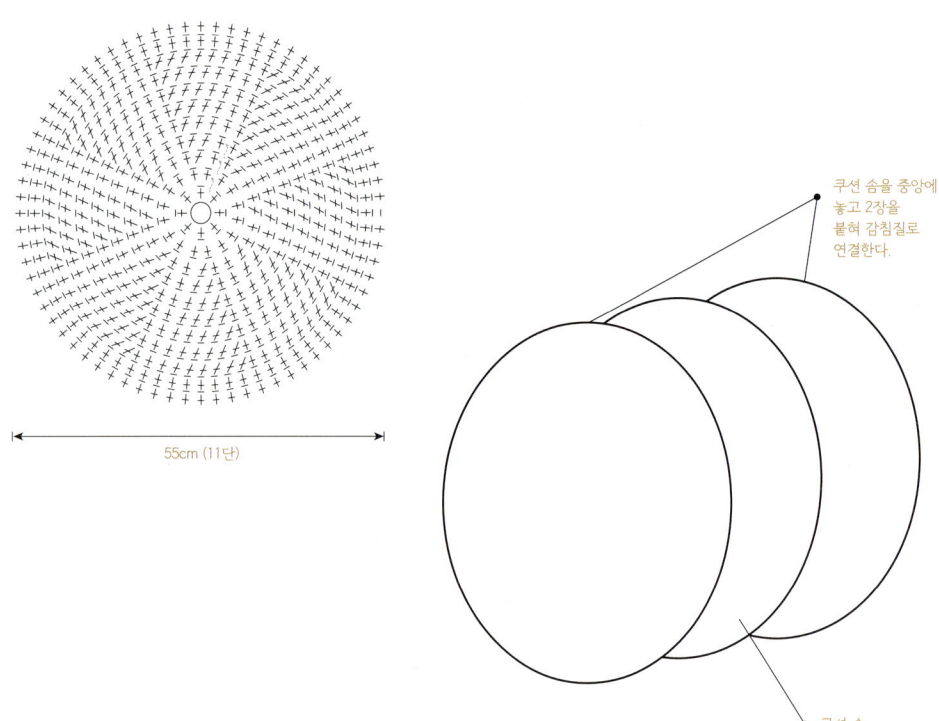

화이트 쿠션

재료 빅볼 소프트 아이보리 800g, 50cm 둥근 솜
사용바늘 코바늘 17/0호, 돗바늘

HOW TO MAKE

1. 가는 모사로 원형코를 만든 뒤 빅볼 소프트 아이보리와 코바늘 17/0호를 사용해서 짧은뜨기로 8코를 뜬다.
2. 도안과 같이 매단 8코씩을 늘리면서 8단을 뜬다. 이때 기둥코를 세우지 않고 바로 다음 단을 뜬다.
3. 같은 방법으로 1장을 더 뜬다.

마무리하기

1. 떠놓은 조직을 앞뒤로 놓은 다음 끝코의 반 코씩만 잡아 돗바늘을 사용해서 감침질로 연결한다.
2. 어느 정도 꿰맨 뒤 창구멍을 20cm 정도 남기고 솜을 넣은 다음 남은 부분은 다 꿰매어 마무리한다.

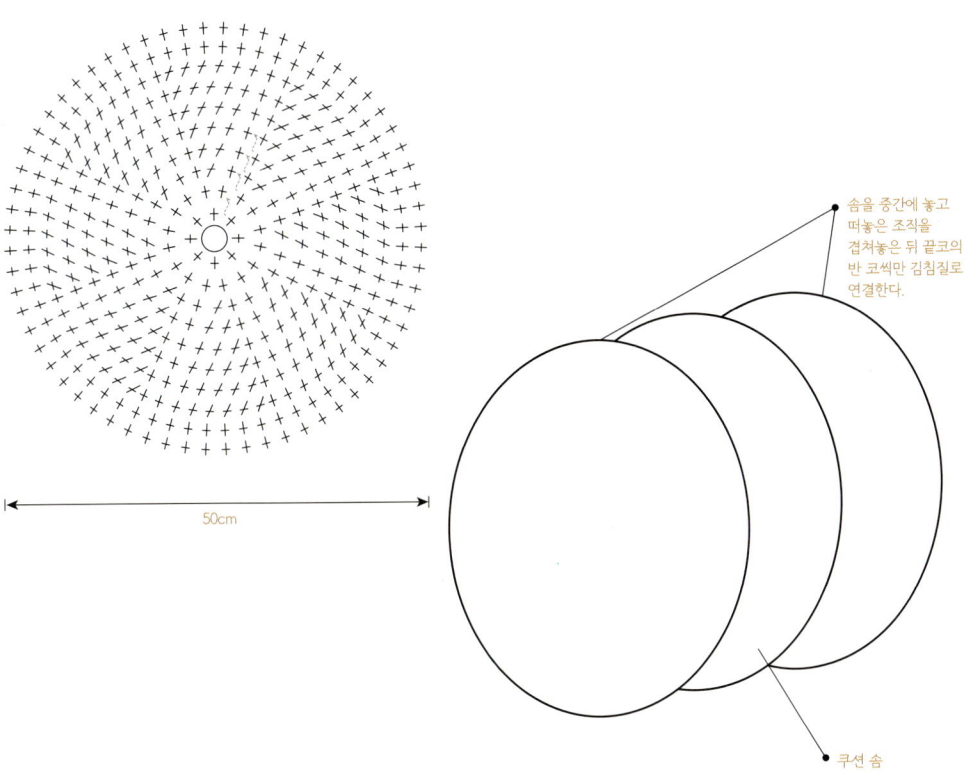

스툴 커버

재료 스키니 아란 진회색 300g, 스키니 트위드 진회색 100g
사용바늘 대바늘 7mm, 돗바늘
게이지 메리야스 게이지 13코 18단

HOW TO MAKE

원형 만들기

1. 나중에 풀어낼 실과 대바늘 7mm를 사용해서 일반코잡기로 36코를 잡는다.
2. 스키니 아란 진회색 1겹과 스키니 트위드 진회색 1겹을 합사해서 메리야스뜨기로 되돌아뜨기를 한다.

1단 - 안뜨기로 1단

2단 - 겉뜨기로 33코, 걸기코를 만들어 왼쪽 바늘에 걸어준 다음 뒤로 돌린다.

3단 - 첫코는 걸러뜨기를 하고 안뜨기로 끝까지 뜬다.

4단 - 겉뜨기로 30코, 걸기코를 만들어 왼쪽 바늘에 걸어준 다음 뒤로 돌린다.

5단 - 첫코는 걸러뜨기를 하고 안뜨기로 끝까지 뜬다.

6단 - 겉뜨기로 27코, 걸기코를 만들어 왼쪽 바늘에 걸어준 다음 뒤로 돌린다.

7단 - 첫코는 걸러뜨기를 하고 안뜨기로 끝까지 뜬다.

8단 - 겉뜨기로 24코, 걸기코를 만들어 왼쪽 바늘에 걸어준 다음 뒤로 돌린다.

9단 - 첫코는 걸러뜨기를 하고 안뜨기로 끝까지 뜬다.

10단 - 겉뜨기로 21코, 걸기코를 만들어 왼쪽 바늘에 걸어준 다음 뒤로 돌린다.

11단 - 첫코는 걸러뜨기를 하고 안뜨기로 끝까지 뜬다.

12단 - 겉뜨기로 18코, 걸기코를 만들어 왼쪽 바늘에 걸어준 다음 뒤로 돌린다.

13단 - 첫코는 걸러뜨기를 하고 안뜨기로 끝까지 뜬다.

14단 - 겉뜨기로 15코, 걸기코를 만들어 왼쪽 바늘에 걸어준 다음 뒤로 돌린다.

15단 - 첫코는 걸러뜨기를 하고 안뜨기로 끝까지 뜬다.

16단 - 겉뜨기로 12코, 걸기코를 만들어 왼쪽 바늘에 걸어준 다음 뒤로 돌린다.

17단 - 첫코는 걸러뜨기를 하고 안뜨기로 끝까지 뜬다.

18단 - 겉뜨기로 9코, 걸기코를 만들어 왼쪽 바늘에 걸어준 다음 뒤로 돌린다.

19단 - 첫코는 걸러뜨기를 하고 안뜨기로 끝까지 뜬다.

20단 - 겉뜨기로 6코, 걸기코를 만들어 왼쪽 바늘에 걸어준 다음 뒤로 돌린다.

21단 - 첫코는 걸러뜨기를 하고 안뜨기로 끝까지 뜬다.

22단 - 겉뜨기로 3코, 걸기코를 만들어 왼쪽 바늘에 걸어준 다음 뒤로 돌린다.

23단 - 첫코는 걸러뜨기를 하고 안뜨기로 끝까지 뜬다.

24단 - 정리단. 겉뜨기 3코 뜨고 걸기코와 4번째 코 같이 뜨기, 겉뜨기 2코, 걸기코와 7번째 코 같이 뜨기, 겉뜨기 2코, 걸기코와 10번째 코 같이 뜨기, 같은 방법으로 34번째 코까지 걸기코와 같이 뜬 뒤 나머지는 겉뜨기로 뜬다.

1~24단까지 총 13번을 반복하여 원형을 만든다.

옆면 뜨기
1. 나중에 풀어낼 실과 대바늘 7mm를 사용해서 일반코잡기로 13코를 잡는다.
2. 스키니 아란 진회색 1겹과 스키니 트위드 진회색 1겹을 합사해서 메리야스뜨기로 312단을 뜬다.
3. 처음 시작한 실을 풀어내고 돗바늘을 사용해서 처음과 시작을 메리야스잇기로 연결한다.

마무리하기
1. 떠놓은 원형과 옆면은 잘 맞추어 돗바늘로 꿰매어 연결한다.
2. 옆면에서 208코를 잡아 메리야스뜨기로 12단을 뜨고 코막음을 한다. 이때 원형뜨기로 뜬다.
3. 돗바늘에 실을 꿰어 그림과 같이 듬성듬성 시침질을 해서 스툴에 씌운 뒤 잡아당겨 안쪽에서 꿰매어 고정한다.

※ 원형 만들기

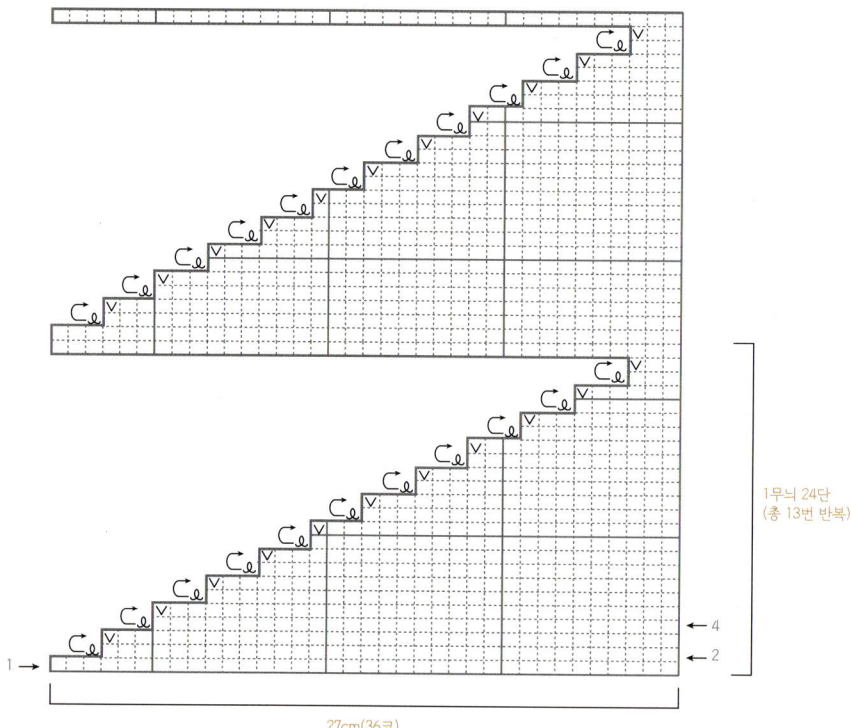

1무늬 24단
(총 13번 반복)

27cm(36코)

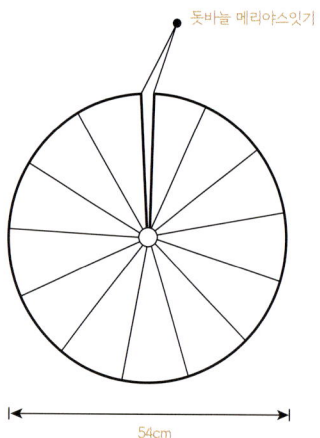

돗바늘 메리야스잇기

54cm

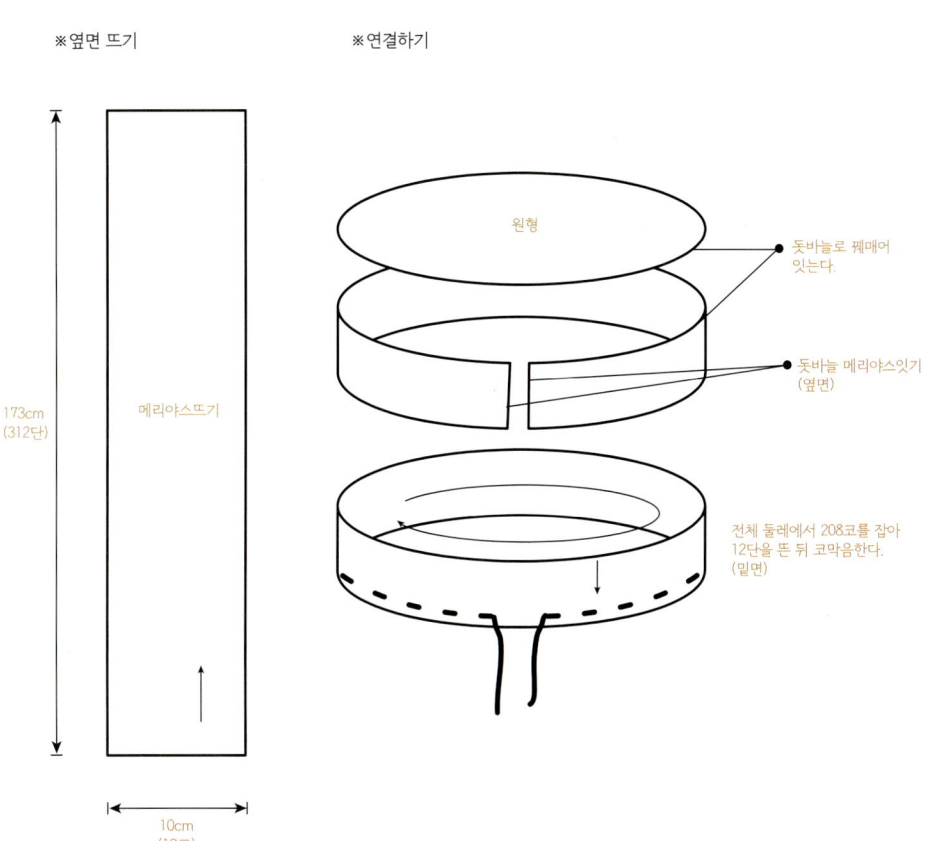

PART 2

아이보리 조명 커버

재료 스키니 트위드 아이보리 100g
사용바늘 대바늘 3.5mm, 돗바늘, 코바늘 5/0호

HOW TO MAKE

1. 스키니 트위드 아이보리와 대바늘 3.5mm를 사용해서 일반코잡기로 209코를 잡는다.
2. 도안과 같이 18코 무늬뜨기를 11번 반복을 하고, 1/2 무늬를 더 뜬다.
3. 도안의 표시된 곳에서 줄임을 하면서 56단을 뜬 뒤 코막음한다.

마무리하기

1. 도안의 그림과 같이 원통형으로 만들어 옆선을 돗바늘로 꿰맨다.
2. 윗부분은 코막음한 코의 반 코만 잡아서 짧은뜨기로 2단을 뜬다.
3. 밑단은 무늬뜨기로 마무리한다.

윗부분 마무리 무늬뜨기

밑단 마무리 무늬뜨기

원통형으로 만들어 옆선을 돗바늘로 꿰맨다.

※ 무늬뜨기

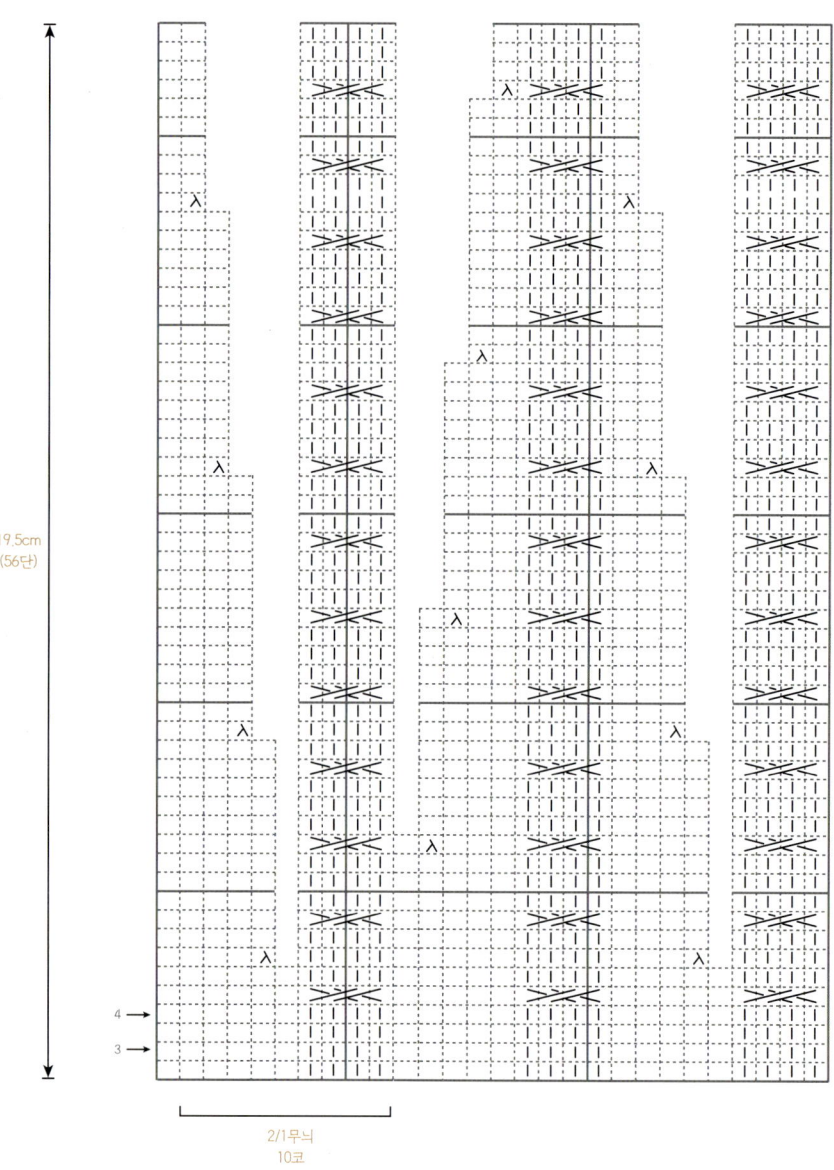

19.5cm
(56단)

2/1무늬
10코

78cm(209코)

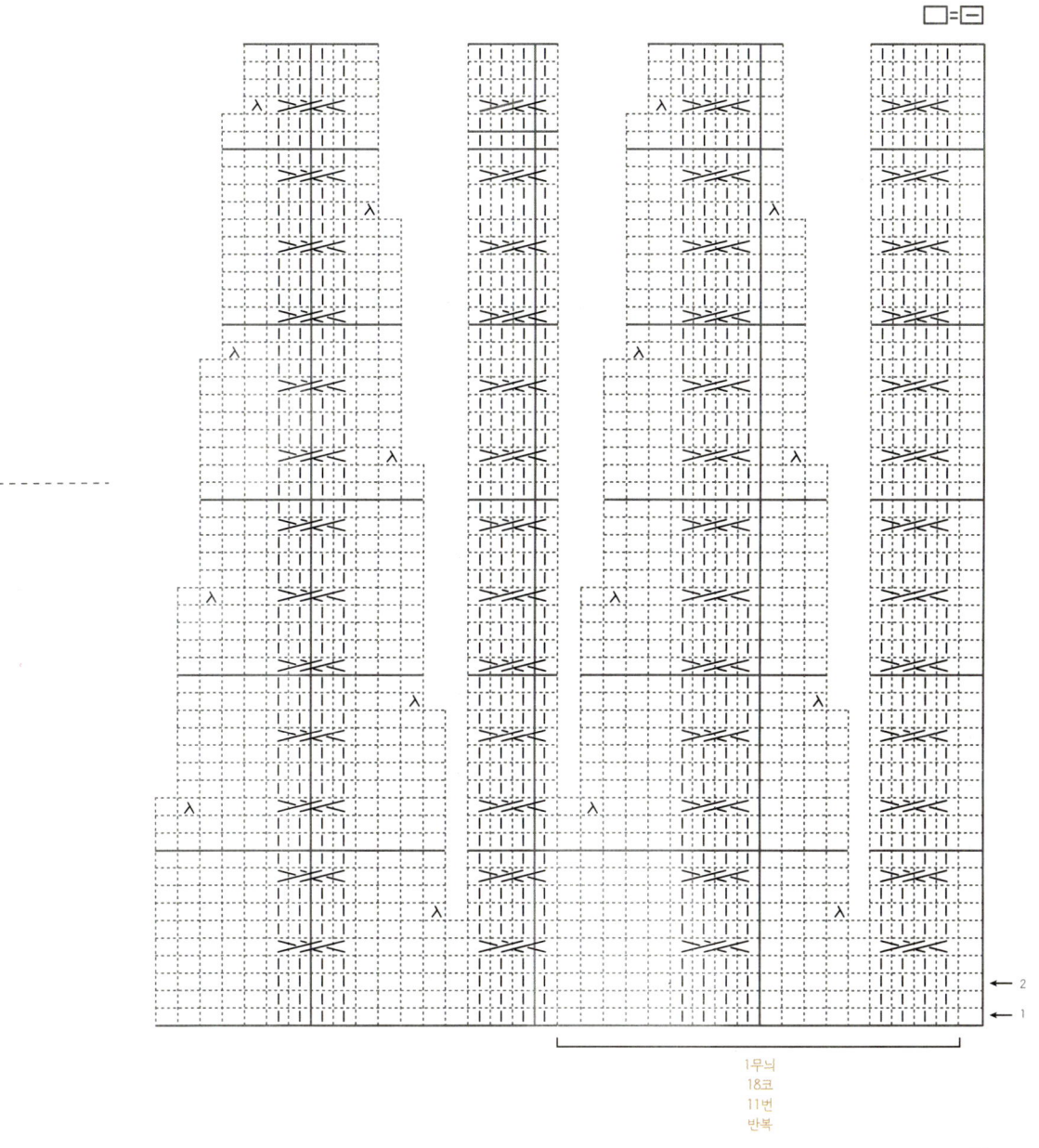

와인 조명 커버

재료 스키니 트위드 와인 100g, 진회색 조금
사용바늘 대바늘 3.5mm, 돗바늘, 코바늘 5/0호

1. 대바늘 3.5mm를 사용해서 나중에 풀어낼 실을 가지고 일반코잡기로 56코를 잡는다. 스키니 트위드 와인색으로 바꾸어 도안과 같이 처음 시작과 끝만 겉뜨기 2코를 뜨고, (안뜨기 2코, 겉뜨기 1코)를 반복해서 220단을 뜬다.
2. 시작 부분의 실을 풀어내고 떠놓은 조직을 원통형으로 한 뒤 겉과 겉을 맞대고 2코를 한꺼번에 뜨면서 코막음한다.

마무리하기

1. 떠놓은 조직에 진회색 실을 사용해서 스티치(덧수)를 한다.
2. 양쪽 옆면은 짧은뜨기를 3단씩 한다.
3. 전등갓 틀에 떠놓은 뜨개 조직을 씌우고 짧은뜨기 부분은 안쪽으로 접어 넣어 글루건으로 고정한다.

※ 무늬뜨기

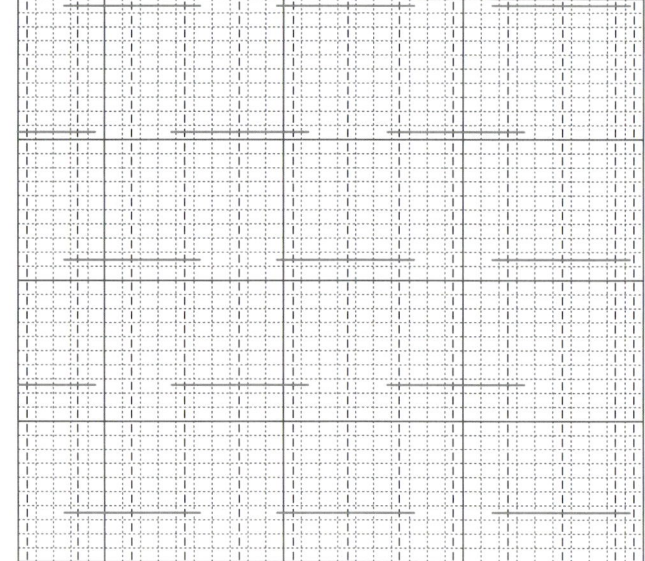

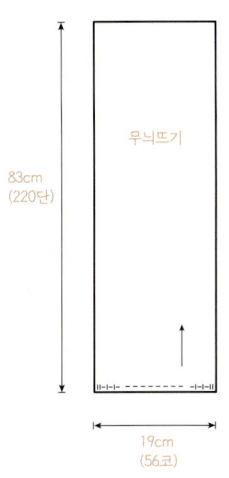

무늬뜨기

83cm
(220단)

19cm
(56코)

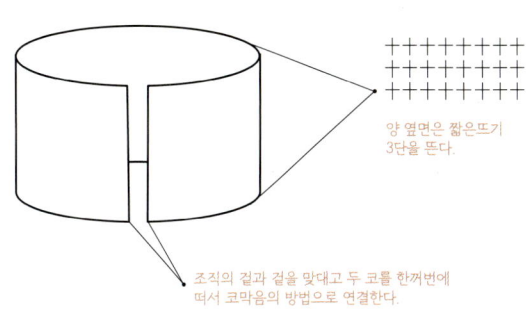

양 옆면은 짧은뜨기
3단을 뜬다.

조직의 겉과 겉을 맞대고 두 코를 한꺼번에
떠서 코막음의 방법으로 연결한다.

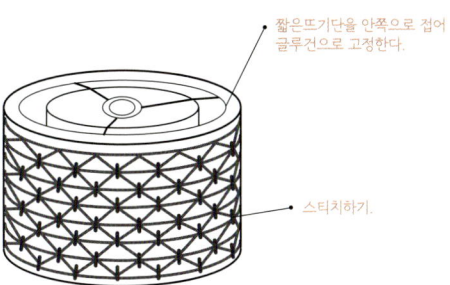

짧은뜨기단을 안쪽으로 접어
글루건으로 고정한다.

스티치하기.

북유럽풍 러그

재료 스키니 아란 와인 1200g, 아이보리 1000g, 진회색 1000g
사용바늘 코바늘 7/0호

HOW TO MAKE

1. 스키니 아란 와인과 코바늘 7/0호를 사용해서 사슬뜨기로 196코를 뜬다.
2. 도안과 같이 1단~8단까지 뜬다. 이때 2단씩 와인, 진회색, 아이보리 순서로 배색을 하면서 뜬다.
3. 8단까지 뜨고 3단부터 8단까지의 무늬를 반복해서 122단까지 뜬다.

마무리하기

와인색으로 양옆을 짧은뜨기로 1단 뜨고, 전체 둘레는 되돌아 짧은뜨기로 1단 떠서 마무리한다.

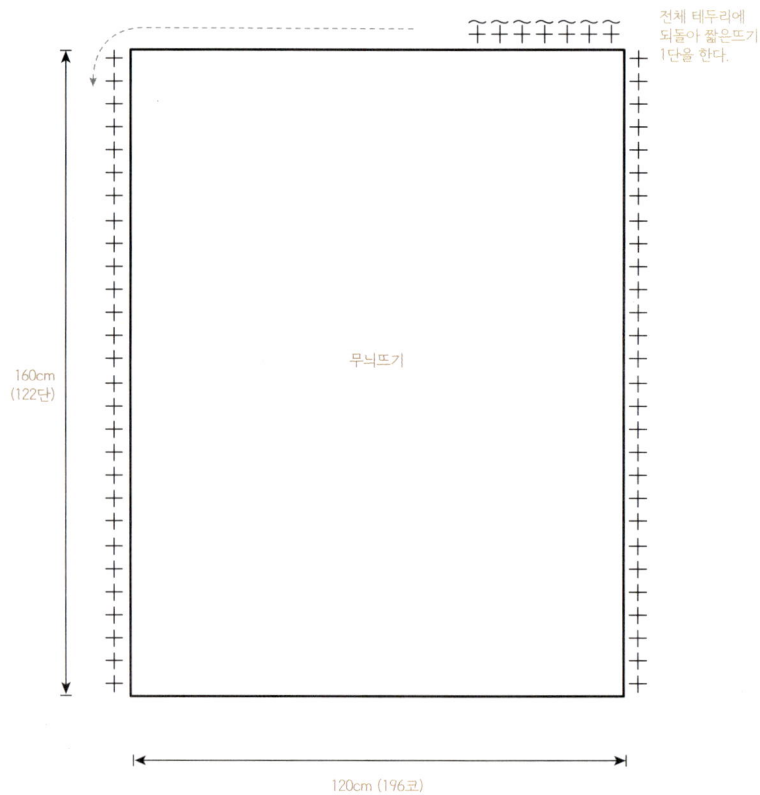

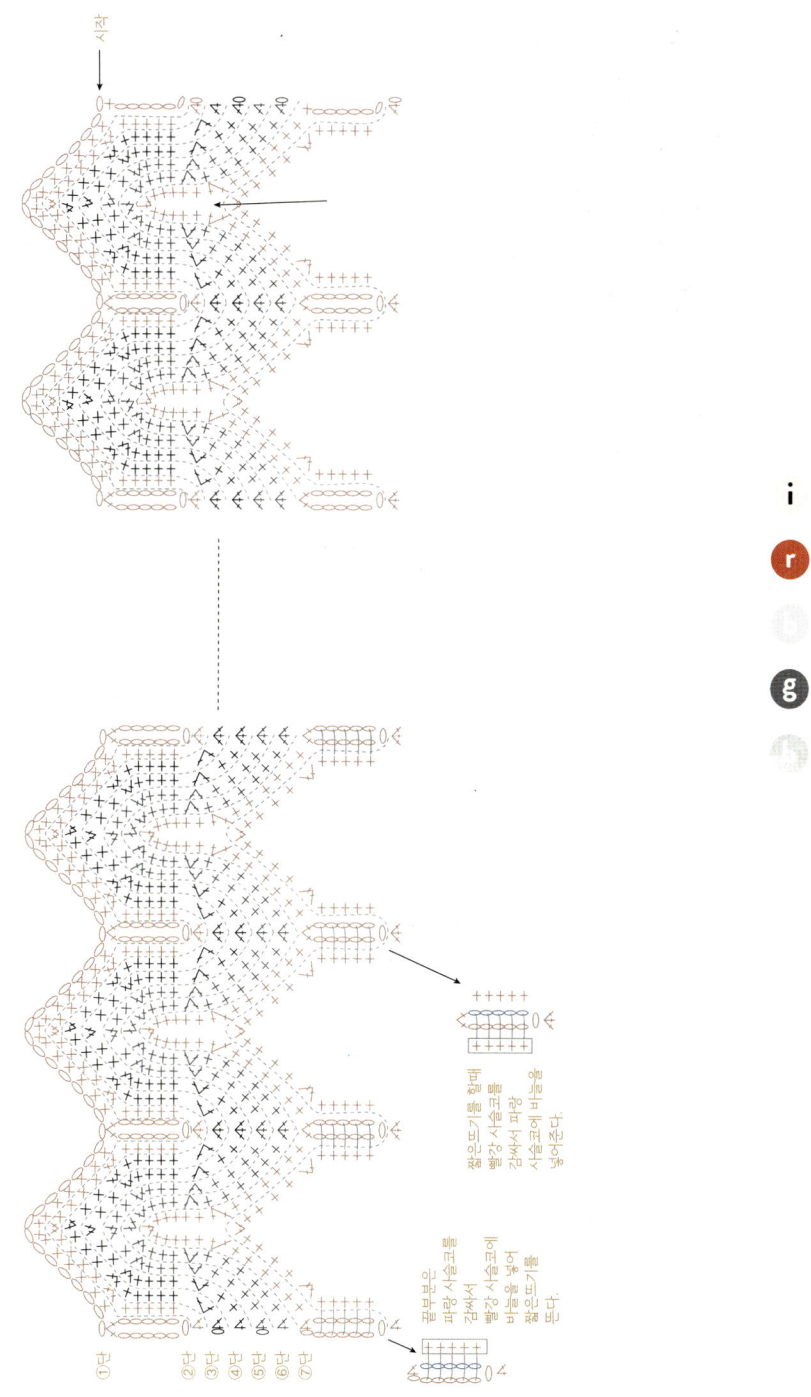

반달 발 매트

재료 빅볼 소프트 아이보리 500g
사용바늘 코바늘 17/0호

HOW TO MAKE

1. 다른 실로 원형코를 만든 뒤 빅볼 소프트 아이보리와 코바늘 17/0호를 사용해서 짧은 뜨기로 7코를 뜬다.
2. 도안과 같이 매단 7코씩을 늘리면서 긴뜨기 이랑 뜨기 12단을 뜬다.

마무리하기
전체 둘레를 되돌아 짧은뜨기로 뜨면서 마무리한다.

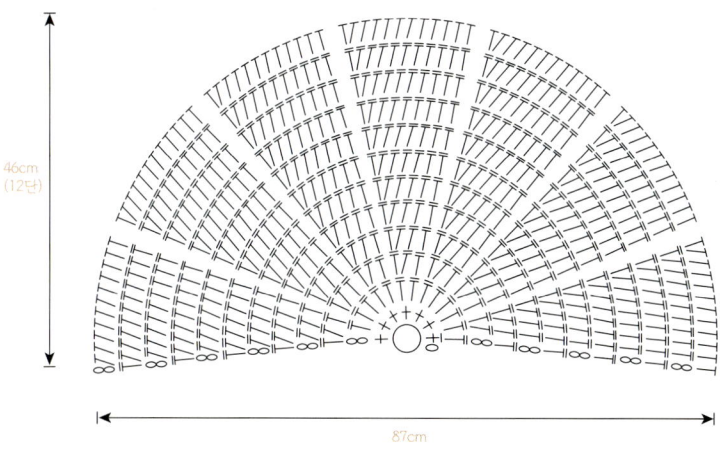

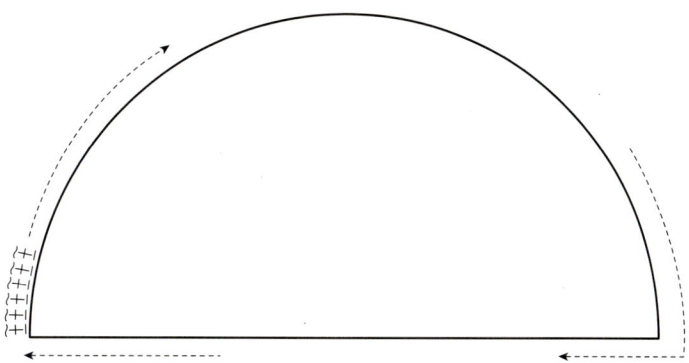

전체 둘레를 되돌아 짧은뜨기 1단을 뜬다.

바구니

재료 스키니 트위드 아이보리 100g, 플라스틱 바구니, 안감, 가죽 장식
사용바늘 대바늘 4mm, 코바늘 5/0호, 돗바늘
게이지 무늬 게이지 24코 30단

HOW TO MAKE

몸판 뜨기

1. 스키니 트위드 아이보리와 대바늘 4mm를 사용해서 일반코잡기로 154코를 잡는다.
2. 첫코와 끝코를 이어 원통형으로 잡아 둘레뜨기로 뜬다.
3. 도안의 무늬뜨기로 20단을 뜨고, 무늬 옆의 안뜨기에서 1코씩, 총 14코를 늘려 168코를 만든다.
4. 168코로 20단을 더 뜬 후 1 : 1고무뜨기로 1단을 뜨고 코막음을 한다.

바닥 뜨기

1. 스키니 트위드 아이보리와 코바늘 5/0호를 사용하어 원형코 짧은뜨기로 8코를 잡는다.
2. 그림과 같이 4각의 모서리 부분에서만 코를 늘려가며 18단을 뜬다.

안감 만들기

1. 도안과 같이 안감의 크기대로 자른다.
2. 옆면은 점선에 따라 꿰매어 원통형으로 만든다.
3. 바이어스를 그림과 같이 옆면에 꿰매고 바닥도 옆면에 맞추어 꿰맨다.

마무리하기

1. 떠놓은 옆면과 바닥을 돗바늘로 감침질해 연결한다.
2. 뜨개 조직을 플라스틱 바구니 겉쪽에서 씌워주고 안감도 바구니 안쪽으로 씌운다.
3. 가죽 장식을 달아준다.

①

※무늬뜨기

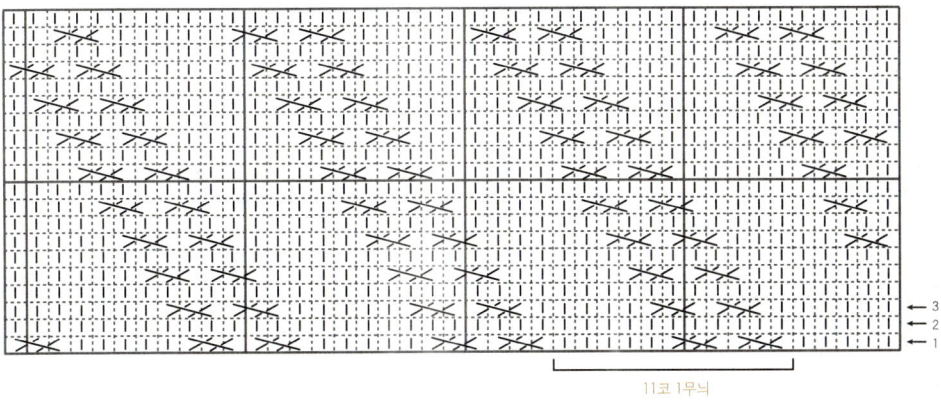

11코 1무늬

※몸판 뜨기

※안감 만들기

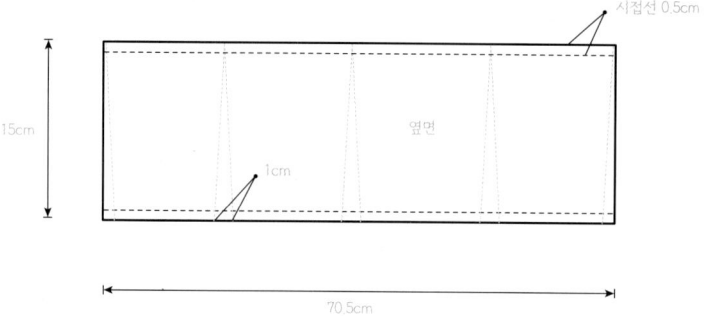

※원단 바이어스

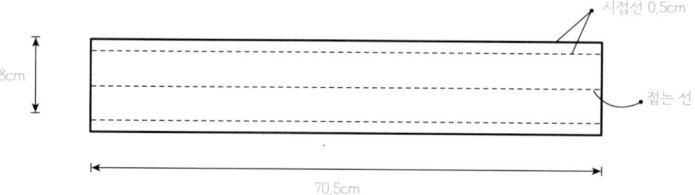

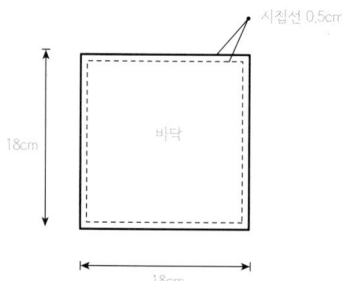

※바닥 뜨기

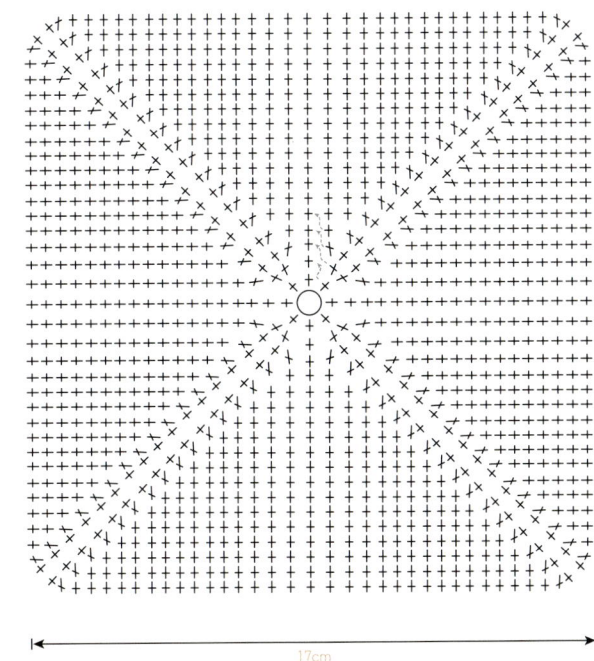

17cm

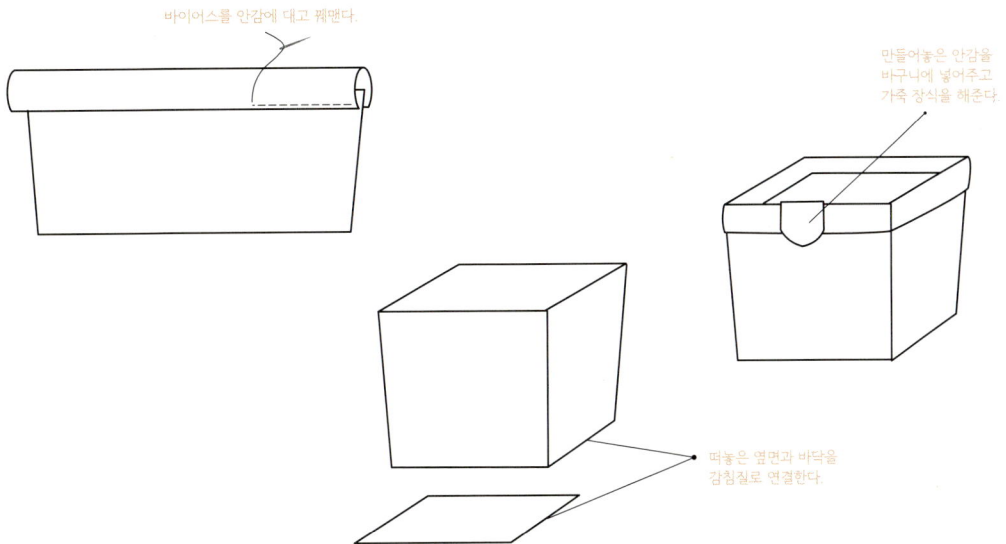

바이어스를 안감에 대고 꿰맨다.

만들어놓은 안감을 바구니에 넣어주고 가죽 장식을 해준다.

떠놓은 옆면과 바닥을 감침질로 연결한다.

바늘 쌈지

재료 스키니 트위드 아이보리 100g, 안감, 지퍼
사용바늘 대바늘 4mm
게이지 무늬 게이지 24코 30단

HOW TO MAKE

몸판 뜨기

1. 스키니 트위드 아이보리와 대바늘 4mm를 사용해서 일반코잡기로 126코를 잡아 1:1 고무뜨기로 1단을 뜬다.
2. 도안의 무늬뜨기로 70단을 뜨고 마지막 1단은 1:1 고무뜨기로 뜬 후 코막음한다.

안감 만들기

1. 도안의 그림과 같이 안감을 재단한다.
2. 2번과 3번은 점선대로 반을 접어 순서대로 1번의 아래쪽에 올려놓는다.
3. 5번은 3번 위에 올리고 3번과 5번의 연결 지퍼를 달아준다.
4. 4번은 위쪽 시접은 두고 옆면과 아랫면은 시접대로 접어 박음질한 뒤 1번의 위쪽에 올린다.
5. 위치를 잡은 안감들을 떠놓은 뜨개 조직 안쪽에 잘 맞추어 시침핀으로 고정한다.

마무리하기

고정한 후 안감과 뜨개 조직을 그림과 같이 바이어스로 꿰맨다.

①

※무늬뜨기

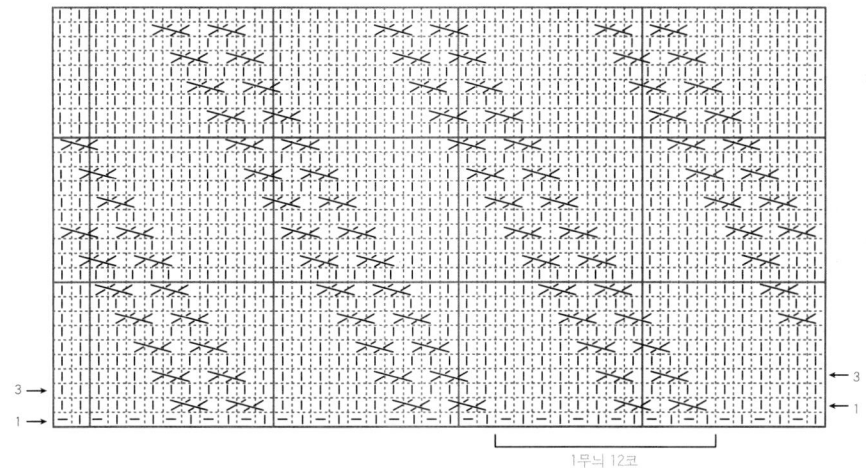

1무늬 12코

※몸판 뜨기

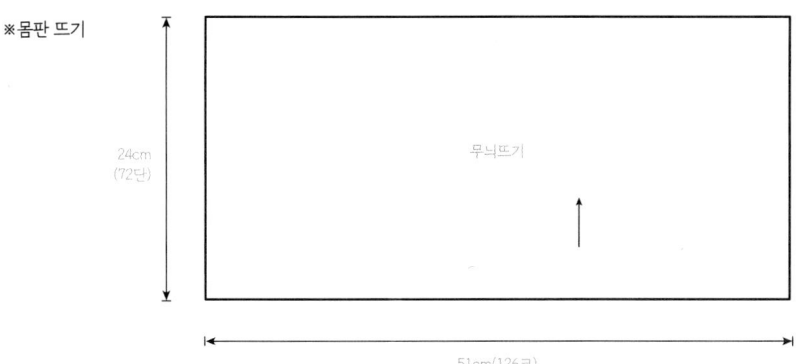

24cm (72단)

51cm(126코)

②

※안감 만들기

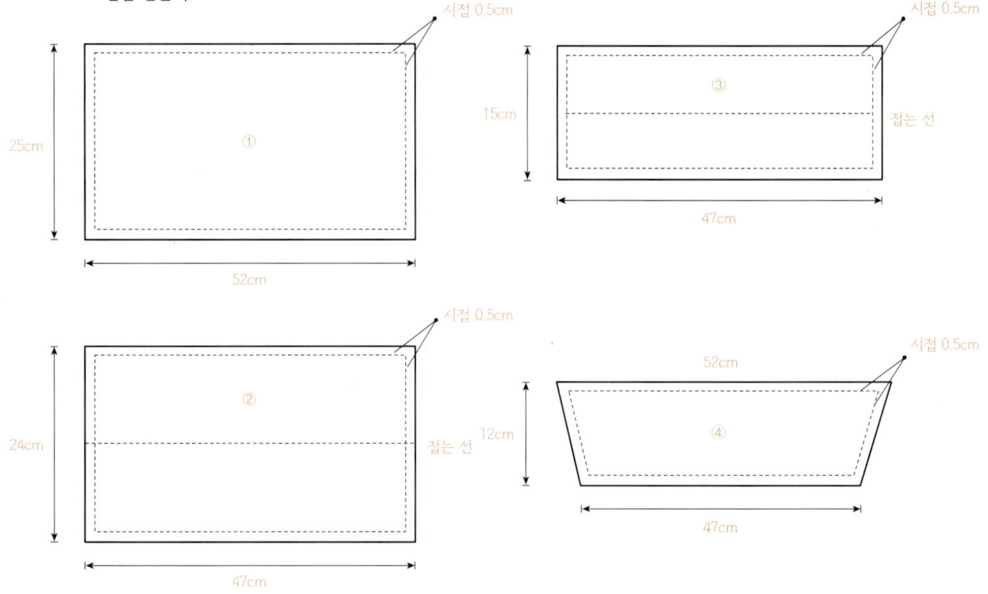
시접 0.5cm
25cm
①
52cm
시접 0.5cm
15cm
③
접는 선
47cm
시접 0.5cm
24cm
②
접는 선
47cm
시접 0.5cm
52cm
12cm
④
47cm

※매쉬망

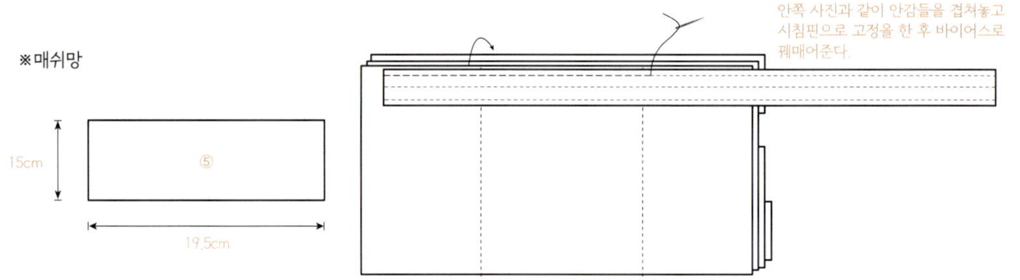
15cm
⑤
19.5cm
안쪽 사진과 같이 안감들을 겹쳐놓고
시침핀으로 고정을 한 후 바이어스로
꿰매어준다.

티매트

재료 스키니 트위드 자주색 조금, 진회색 조금, 장식용 태그, 단추
사용바늘 대바늘 4mm, 코바늘 3/0호
게이지 가터뜨기 게이지 20코 35단

HOW TO MAKE

몸판뜨기

1. 스키니 트위드 자주색과 대바늘 4mm를 사용해서 일반코잡기로 25코를 잡는다.
2. 가터뜨기로 42단을 뜬 뒤 코막음한다.

마무리하기

1. 스키니 트위드 진회색과 코바늘 3/0호를 사용해서 도안과 같이 짧은뜨기 1단, 되돌아 짧은뜨기 1단을 한다. 이때 모서리 부분에서는 도안과 같이 2코를 뜬다.
2. 그림과 같이 장식용 태그와 단추를 달아준다.

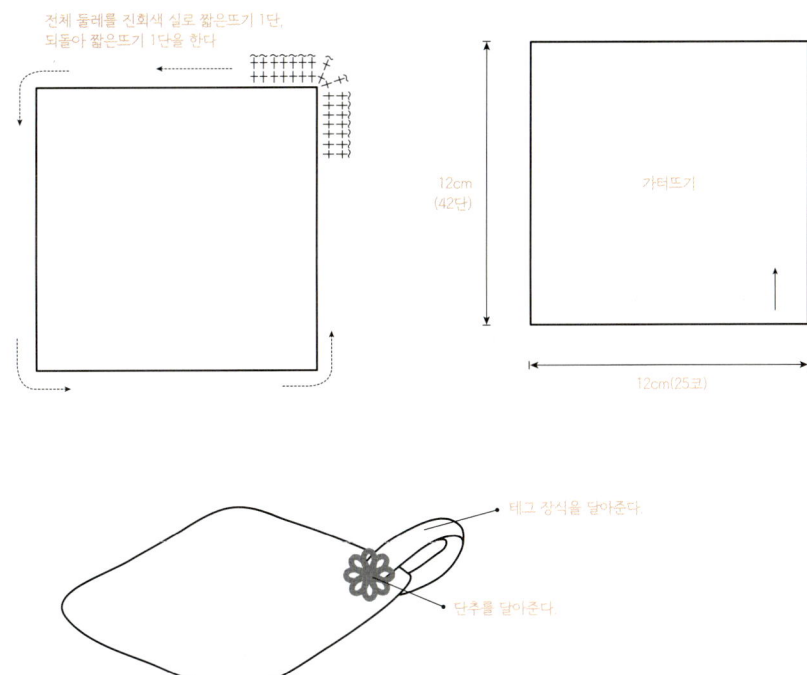

PART 3

아이보리 화분 싸개 I

재료 스키니 아란 아이보리 300g
사용바늘 대바늘 6mm, 돗바늘
게이지 메리야스 게이지 16코 22단

HOW TO MAKE

1. 스키니 아란 아이보리와 대바늘 6mm를 사용해서 일반코잡기로 117코를 잡는다.
2. 도안의 무늬뜨기로 13단을 뜨면서 표시된 부분에서 15코를 늘려 132코를 만든다.
3. 132코로 무늬뜨기를 계속하면서 66단을 뜬 뒤 코막음한다.

마무리하기
그림과 같이 원통형을 만든 뒤 옆선을 돗바늘로 꿰매어 연결한다.

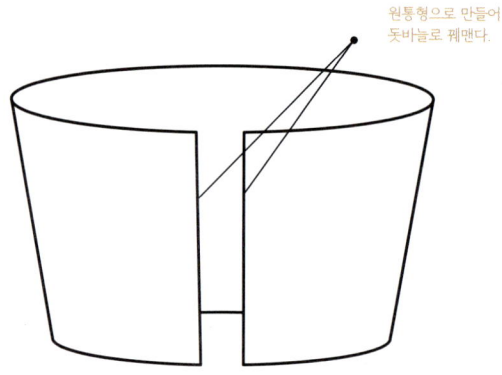

원통형으로 만들어 돗바늘로 꿰맨다.

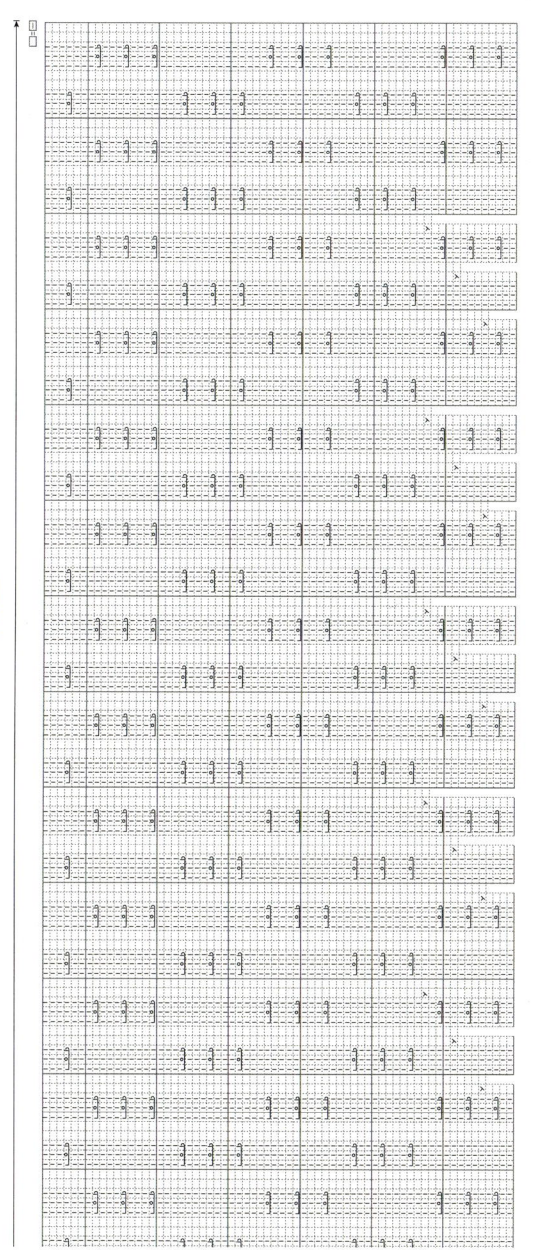

아이보리 화분 싸개 II

재료 스키니 아란 아이보리 300g
사용바늘 대바늘 6mm, 돗바늘
게이지 메리야스 게이지 16코 22단

HOW TO MAKE

1. 스키니 아란 아이보리와 대바늘 6mm를 사용해서 일반코잡기로 98코를 잡는다.
2. 도안의 무늬뜨기로 13단을 뜨면서 표시된 부분에서 24코를 늘려 122코를 만든다.
3. 122코로 무늬뜨기를 계속해서 뜨면서 66단을 뜬 뒤 코막음한다.

마무리하기
그림과 같이 원통형을 만든 뒤 옆선을 돗바늘로 꿰매어 연결한다.

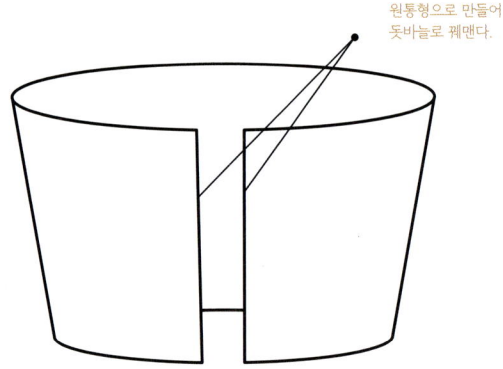

원통형으로 만들어 돗바늘로 꿰맨다.

빅 백

재료 스키니 아란 진회색 500g, 스키니 트위드 진회색 150g, 손잡이, 안감, 가방 밑판, 장식용 폼폼
사용바늘 대바늘 3.5mm, 코바늘 7/0호, 코바늘 5/0호, 돗바늘

HOW TO MAKE

가방 틀 뜨기

1. 스키니 아란 진회색과 코바늘 7/0호를 사용해서 사슬뜨기로 45코를 뜬다.
2. 짧은뜨기로 16단을 뜬다.
3. 사각 코너에서 1코씩을 잡고 전체 둘레에서 총 126코를 잡아 짧은뜨기 원형으로 68단을 뜬다.

몸판 뜨기

1. 스키니 트위드 진회색과 대바늘 3.5mm를 사용해서 일반코잡기로 100코를 잡는다.
2. 2 : 2 고무뜨기로 246단을 뜬다.
3. 진회색 실로 도안과 같이 스티치(덧수)를 놓는다.

안감 뜨기

1. 도안과 같이 안감을 재단을 한 뒤 옆면을 꿰매고, 밑면도 꿰맨다.
2. 밑부분을 삼각형으로 접어 넣어 고정해서 꿰맨다.

마무리하기

1. 코바늘로 떠놓은 가방 틀에 대바늘 뜨개 조직을 그림과 같이 둘러준다.
2. 윗부분은 코바늘 5/0호를 이용해서 스키니 트위드 실로 코바늘 조직과 대바늘 조직을 짧은뜨기 1단을 뜨면서 연결한 다음 빼뜨기로 1단을 뜬다.
3. 옆면은 시침핀으로 코바늘 조직과 대바늘 조직을 잘 맞춘 다음 일반실로 감침질해 연결한다.
4. 밑바닥은 가방 밑판을 사이즈에 맞게 잘라 꿰매어 고정해준다.
5. 떠놓은 가방엔 만들어놓은 안감을 넣고 감침질로 꿰매어 연결한다.
6. 손잡이를 달고 장식용 폼폼을 달아준다.

①

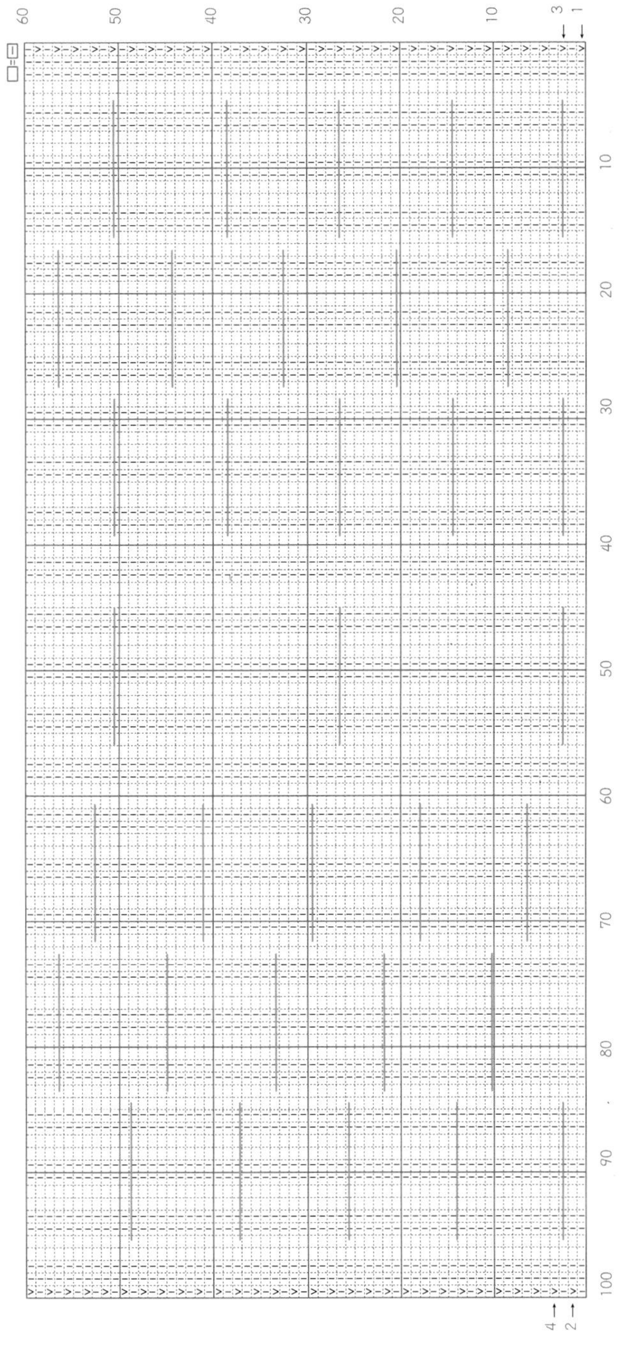

※무늬뜨기

②

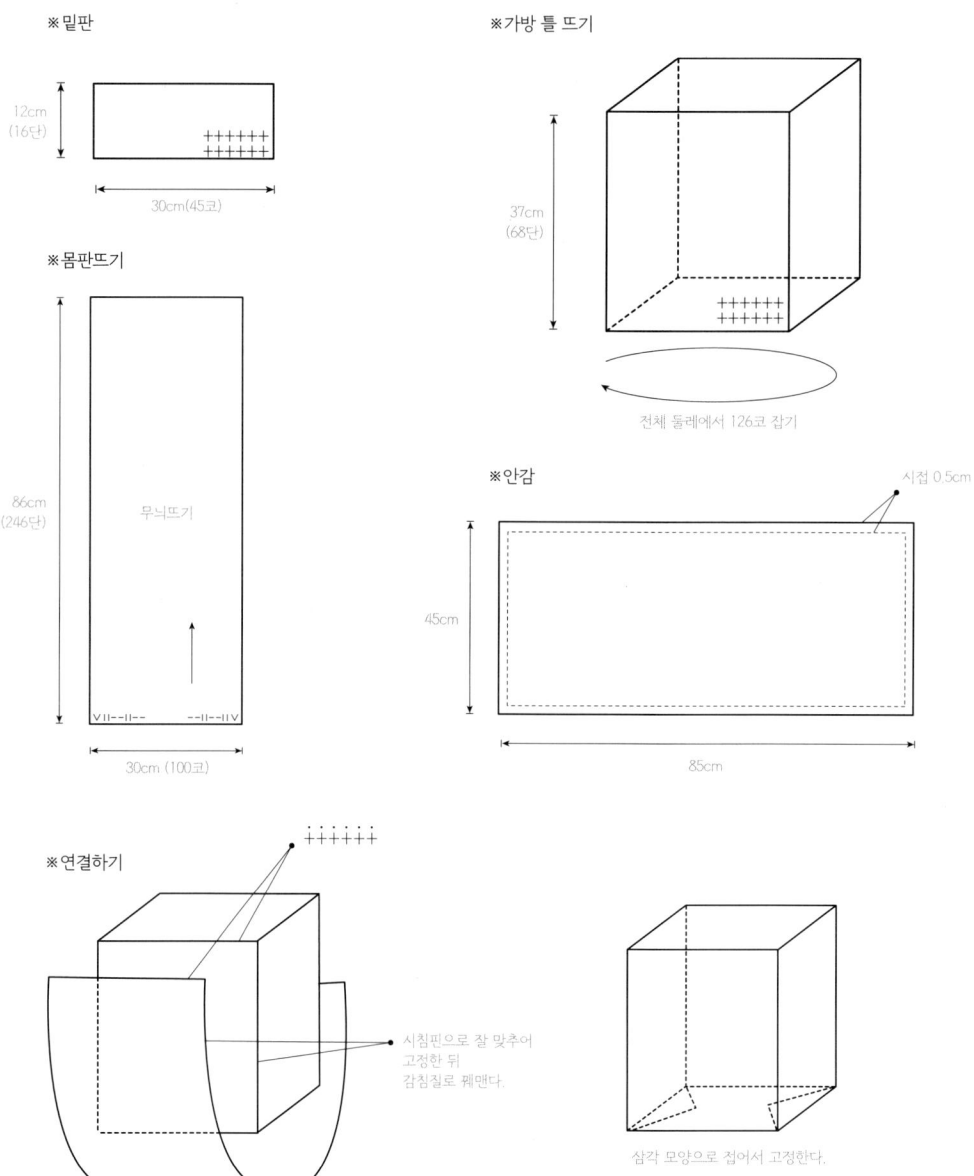

양초 홀더
(아이보리 II)

재료 스키니 트위드 아이보리 30g, 아이보리색 진주
사용바늘 코바늘 5/0호

HOW TO MAKE

1. 스키니 트위드 아이보리와 코바늘 5/0호를 사용해서 짧은뜨기로 6코를 잡아 원형코를 만든다.
2. 도안과 같이 매단 6코를 늘리면서 6단을 뜨고 마지막 단에서는 8코를 늘린다.
3. 도안의 무늬뜨기로 7단을 더 뜬다.

마무리하기
마지막 무늬 부분에 진주 장식을 달아 완성한다.

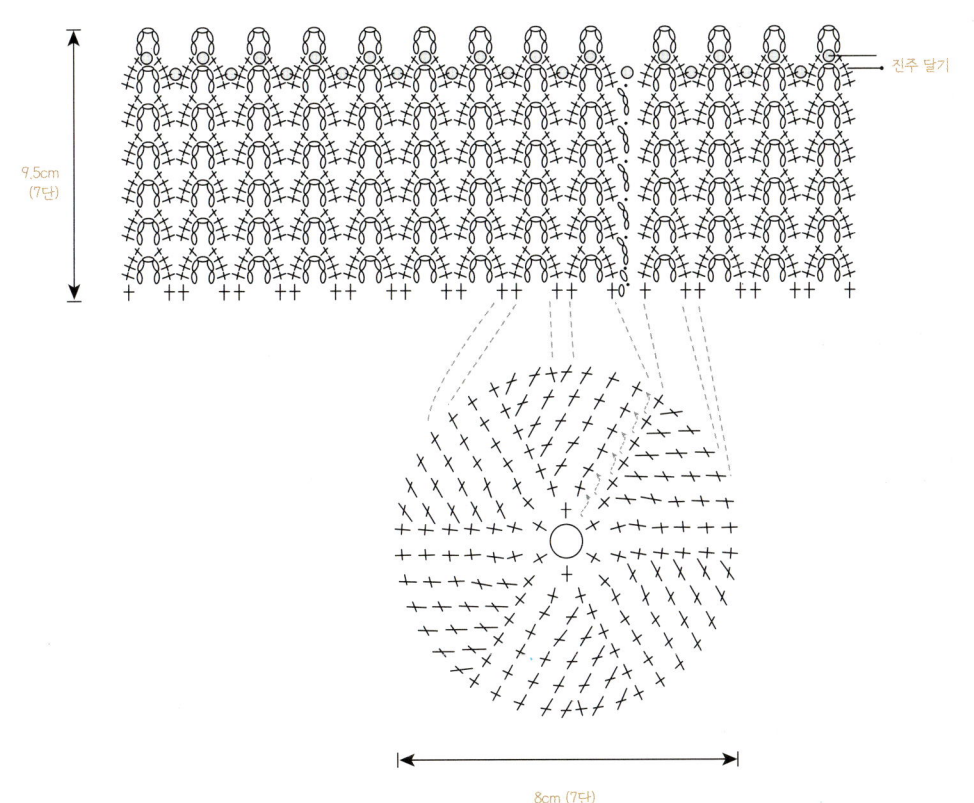

스몰 백

재료 데님 트위드 연회색 100g, 덧수용 아이보리색 조금, 손잡이, 안감
사용바늘 대바늘 3.5mm, 코바늘 5/0호, 돗바늘

HOW TO MAKE

몸판
1. 데님 트위드 연회색과 대바늘 3.5mm를 사용해서 일반코잡기로 69코를 잡는다.
2. 양 끝코만 겉뜨기 2코를 뜨고 안뜨기 2코, 겉뜨기 1코를 반복해서 120단을 뜬다.
3. 아이보리색 실로 도안과 같이 스티치(덧수)를 놓는다.

옆면
1. 데님 트위드 연회색과 코바늘 5/0호를 사용해서 사슬코 40코를 잡는다.
2. 도안과 같이 양쪽을 늘리면서 4단을 뜬다.
3. 같은 방법으로 1장을 더 뜬다.

안감
도안과 같이 안감을 재단한 후 점선대로 접어 옆면을 꿰매어준다.

마무리하기
1. 떠놓은 몸판에 옆면을 잘 맞추어 짧은뜨기로 연결한다.
2. 입구 부분은 전체 둘레를 되돌아 짧은뜨기 1단을 한다.
3. 만들어놓은 안감을 가방 안에 잘 맞추어 감침질로 꿰매어 잇는다.
4. 손잡이를 달아준다.

①

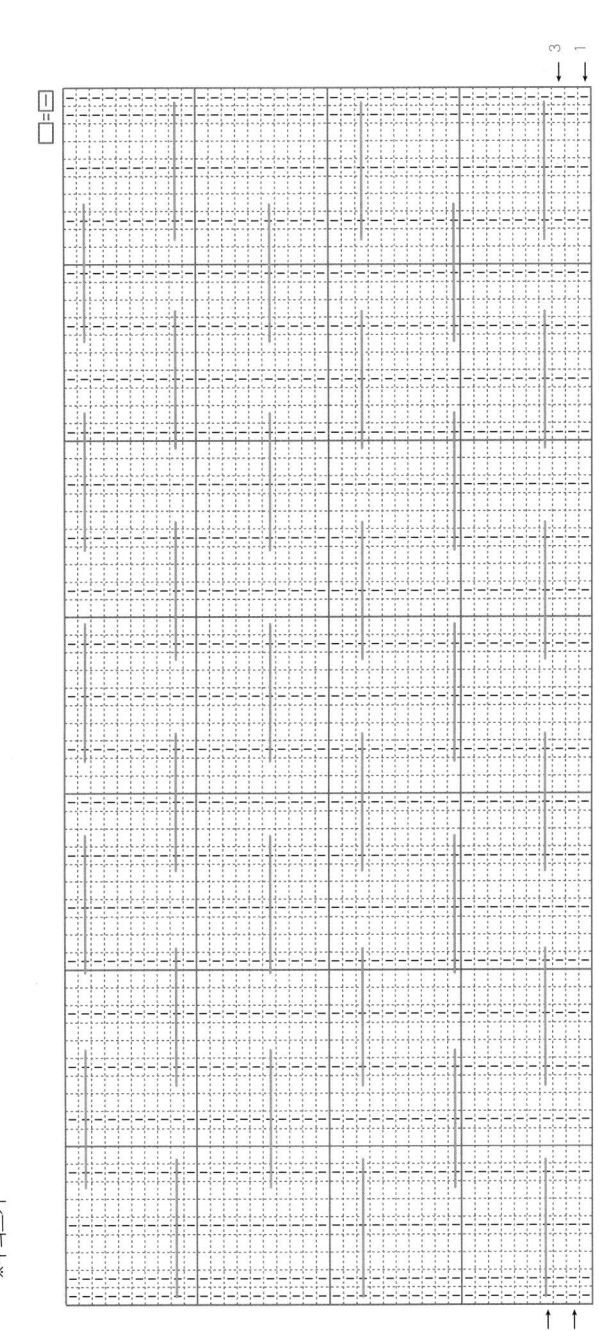

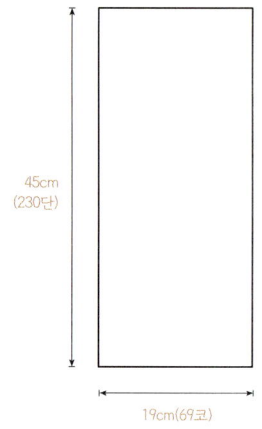

19cm(69코)
45cm (230단)

※옆면 뜨기

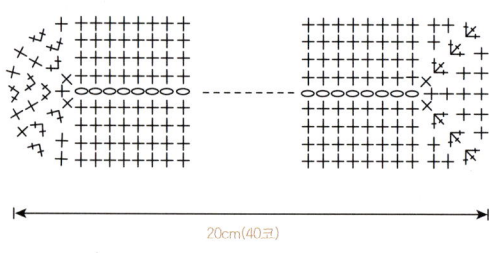

20cm(40코)

② ※안감

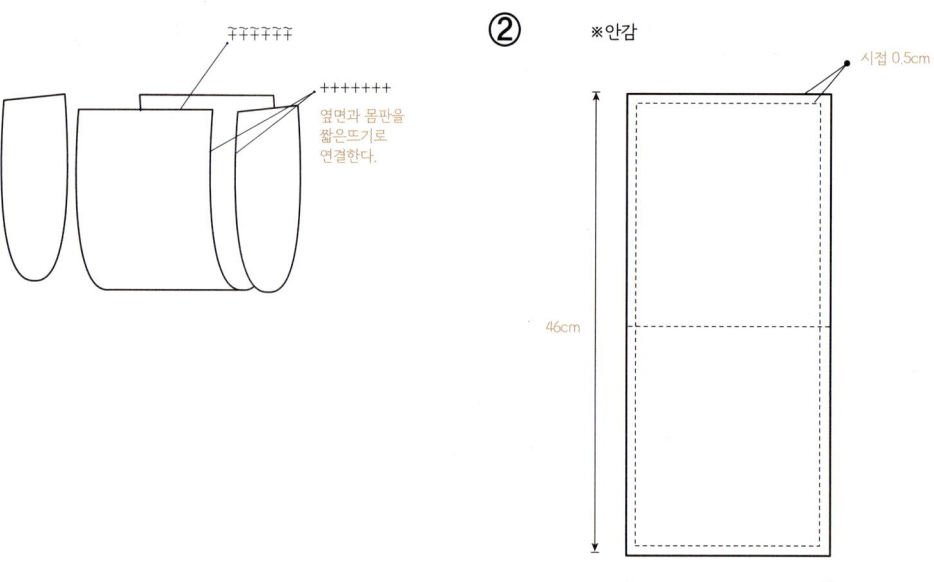

옆면과 몸판을 짧은뜨기로 연결한다.

시접 0.5cm

46cm

20cm

양초 홀더(와인)

재료 스키니 트위드 와인 조금, 아이보리 조금, 와인색 진주
사용바늘 코바늘 5/0호

HOW TO MAKE

1. 스키니 트위드 와인과 코바늘 5/0호를 사용해서 짧은뜨기로 7코를 잡아 원형코를 만든다.
2. 도안과 같이 매단 7코를 늘리면서 7단을 뜬다.
3. 아이보리색으로 실을 바꾸어 첫 번째 단을 뜨고 두 번째 단은 와인, 세 번째 단은 아이보리, 네 번째 단은 와인색으로 뜬다.

마무리하기
와인색으로 뜬 부분에 진주 장식을 달아 완성한다.

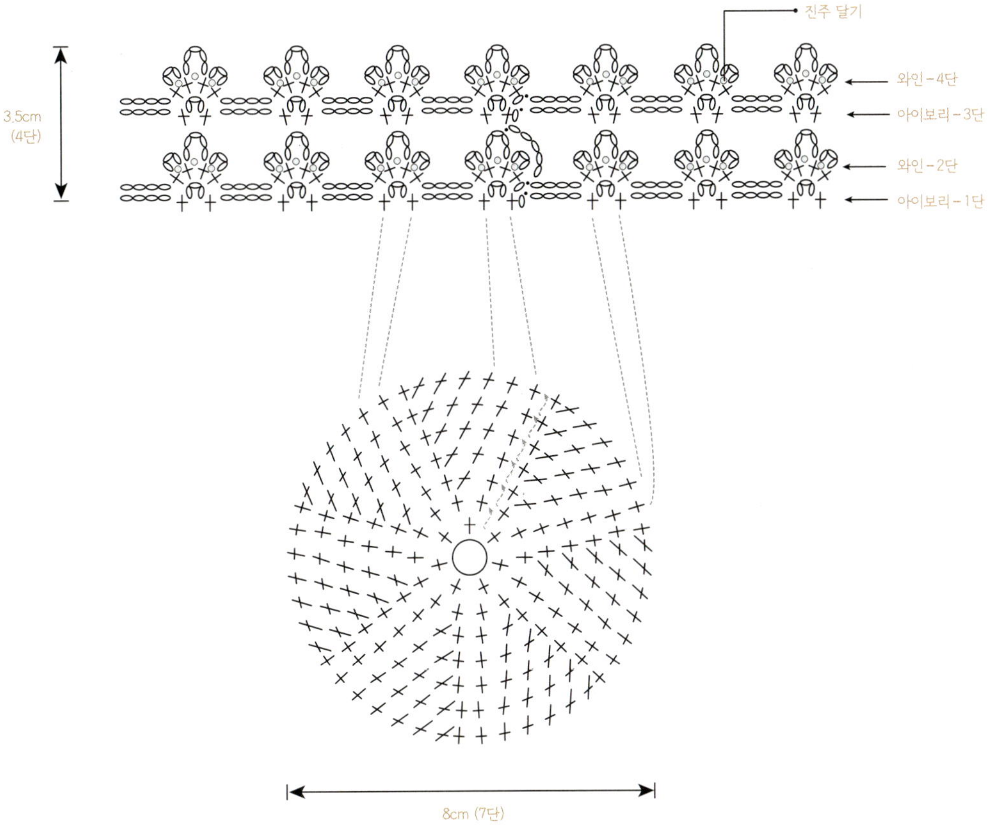

토트 백

재료 스키니 아란 진회색 300g, 스키니 트위드 연회색 100g, 덧수용 진회색 조금, 손잡이, 안감, 지퍼, 가방밑판, 가죽 리본

사용바늘 대바늘 3.5mm, 코바늘 7/0호, 코바늘 5/0호, 돗바늘

HOW TO MAKE

가방 틀 뜨기

1. 스키니 아란 진회색과 코바늘 7/0호를 사용해서 사슬뜨기로 50코를 뜬다.
2. 짧은뜨기로 22단을 뜬다.
3. 사각 코너에서 1코씩을 더 잡고 전체 둘레에서 총 148코를 잡아 짧은뜨기 원형으로 38단을 뜬다.

몸판 뜨기

1. 스키니 트위드 연회색과 대바늘 3.5mm를 사용해서 일반코잡기로 81코를 잡는다.
2. 양 끝코만 겉뜨기 2코를 뜨고 안뜨기 2코, 겉뜨기 1코를 반복해서 146단을 뜬다.
3. 진회색 실로 도안과 같이 스티치(덧수)를 놓는다.

안감 뜨기

1. 도안과 같이 안감을 재단한 뒤 옆면을 꿰매고, 밑면도 꿰맨다.
2. 밑부분을 삼각형으로 접어 넣어 고정해서 꿰맨다.
3. 도안과 같이 중간에 들어갈 부분의 안감 2장을 겹쳐 윗부분에 지퍼를 달아준다.
4. 옆면과 밑면의 둘레는 바이어스로 꿰매어 잇는다.
5. 처음 만들어놓은 안감의 중간에 그림과 같이 연결한다.

마무리하기

1. 코바늘로 떠놓은 가방 틀에 대바늘 뜨개 조직을 그림과 같이 둘러준다.
2. 윗부분은 코바늘 5/0호를 이용해서 스키니 트위드 실로 코바늘 조직과 대바늘 조직을 짧은뜨기 1단, 되돌아 짧은뜨기 1단으로 연결한다.
3. 옆면은 시침핀으로 코바늘 조직과 대바늘 조직을 잘 맞춘 다음 일반 실을 사용해 감침질로 연결한다. 대바늘 조직은 손잡이 사이즈에 맞추어 살짝 사선으로 꿰맨다.
4. 밑바닥은 가방 밑판을 사이즈에 맞게 잘라 꿰매어 고정해준다.
5. 떠놓은 가방에 만들어놓은 안감을 넣고 감침질로 꿰매어 연결한다.
6. 손잡이를 달고 가죽 리본을 달아준다.

①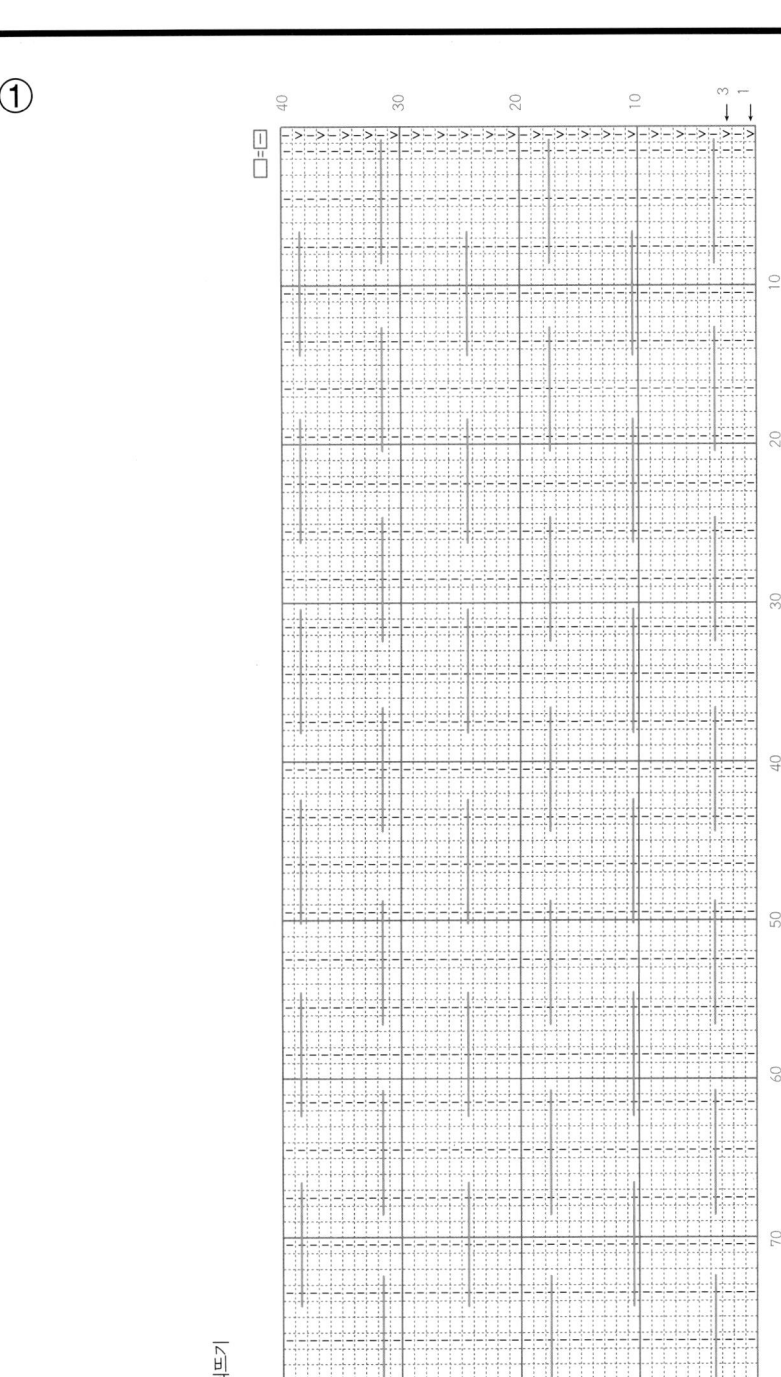

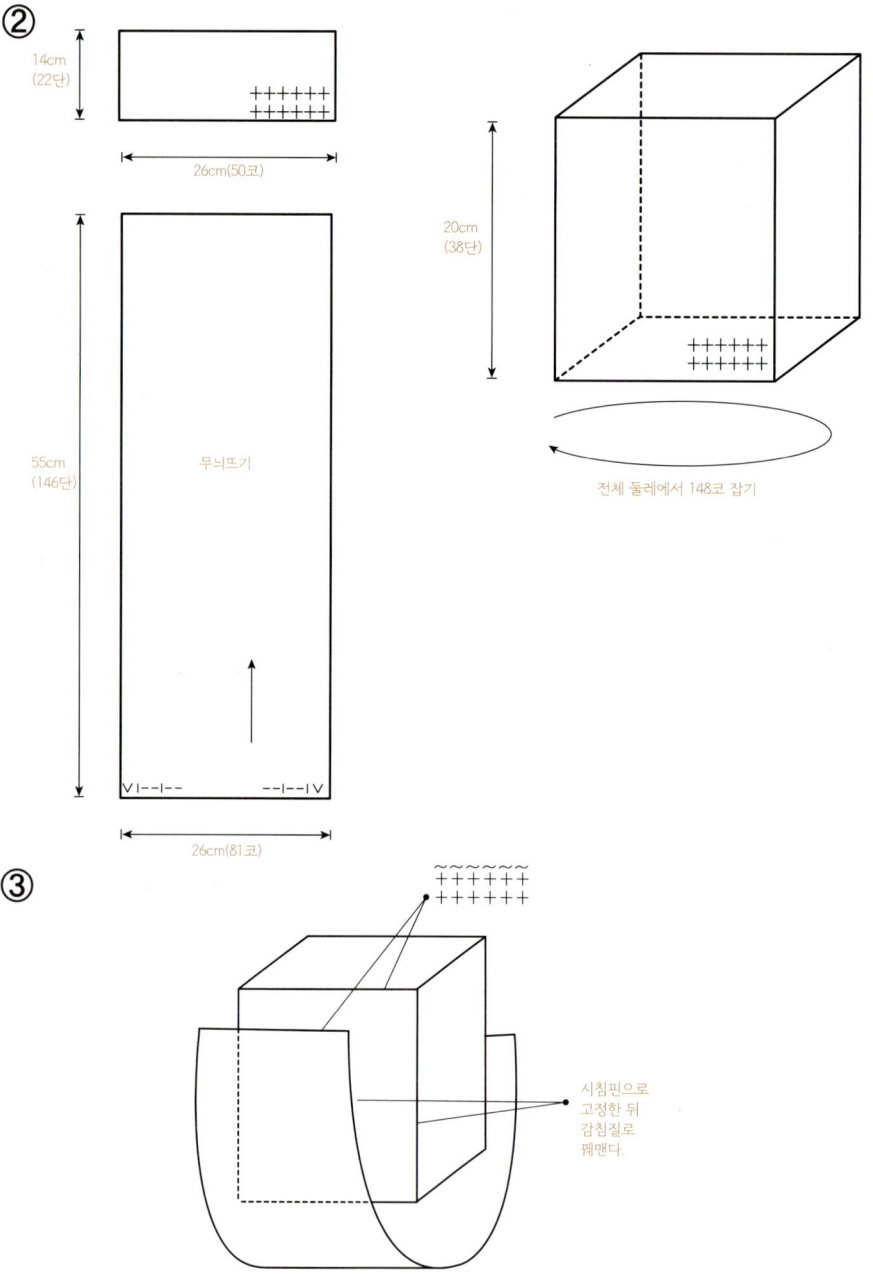

④

※안감

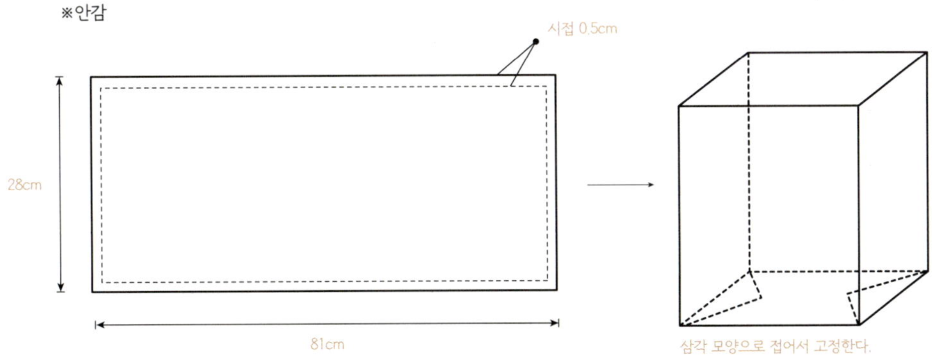

시접 0.5cm

28cm

81cm

삼각 모양으로 접어서 고정한다.

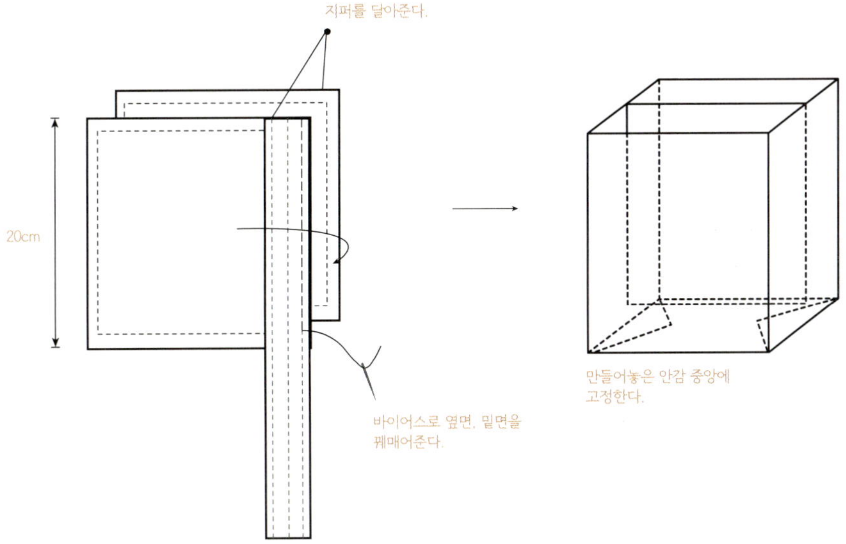

지퍼를 달아준다.

20cm

바이어스로 옆면, 밑면을 꿰매어준다.

만들어놓은 안감 중앙에 고정한다.

PART 3

휴대폰 케이스

재료 빅볼 소프트 빨강 조금,
모사 빨강 50g
사용바늘 코바늘 4/0호

HOW TO MAKE

1. 모사 빨강과 코바늘 4/0호를 사용해서 사슬뜨기로 58코를 잡는다.
2. 사슬뜨기한 위에 빅볼 소프트 빨강을 올려놓고 빨강 모사를 사용해 빅볼 소프트 위로 지그재그로 모눈뜨기를 한다. 계속 빅볼 소프트를 따라가며 모눈뜨기를 한다.

마무리하기

1. 도안과 같이 가로 면에서 38코씩, 모서리에서 1코씩, 세로 면에서 26코씩 총 132코를 잡아 짧은뜨기로 1단을 뜬다.
2. 이랑뜨기로 3단을 더 뜬다. 이때 마지막 2단을 도안과 같이 모서리 부분은 3코 모아뜨기를 한다.
3. 리본 장식을 달아준다.

※무늬뜨기

14cm (13단)

18cm (58코)

※둘레코잡기

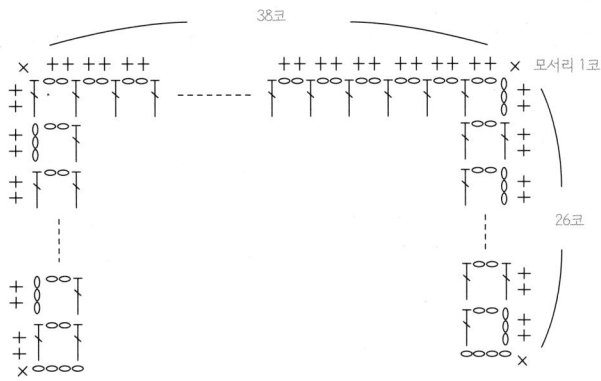

38코
모서리 1코
26코

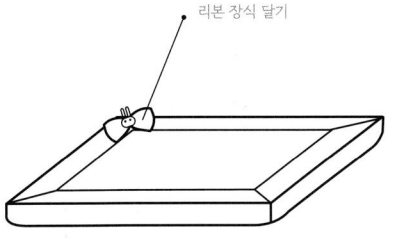

리본 장식 달기

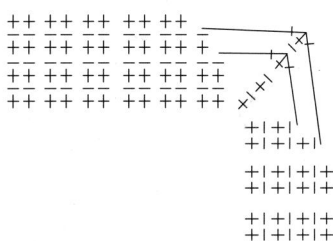

짧은뜨기로 132코 잡고
이랑뜨기 3단을 더 뜬다.

태블릿 케이스

재료 빅볼 소프트 검정 100g,
스키니 트위드 검정 100g
사용바늘 코바늘 5/0호

HOW TO MAKE

몸판뜨기

1. 스키니 트위드 검정과 코바늘 5/0호 바늘을 사용해서 사슬코 76코를 잡는다.
2. 사슬뜨기한 위에 빅볼 소프트 검정을 올려놓고 트위드 사를 사용해 빅볼 소프트 위로 지그재그로 모눈뜨기를 한다. 계속 빅볼 소프트를 따라가며 모눈뜨기를 한다.
3. 마지막 모눈뜨기를 한 뒤 사슬 2코를 뜨고, 처음 만든 사슬뜨기에 그림과 같이 한길긴뜨기를 한다. 계속 모눈뜨기를 반복한 뒤 사슬뜨기 2코, 처음 시작한 곳에 빼뜨기로 연결한다.
4. 도안과 같이 계속 원통형으로 떠 올라가며 23단을 뜬다.
5. 24단째는 가방 입구 둘레를 짧은뜨기로 1단을 뜬 뒤 실을 잘라낸다.
6. 그림과 같이 새 실로 사슬 5코를 뜬다. 양끝 4코씩은 빼고 중앙의 61코만 짧은뜨기로 뜬 뒤 다시 사슬 5코를 하고 짧은뜨기 2단을 더 뜬다.
7. 같은 방법으로 반대쪽도 떠준다.

마무리하기

1. 만들어놓은 가방 입술 부분에 지퍼를 달아준다.
2. 가방 입술 끝 쪽에 가죽 장식을 해준다.

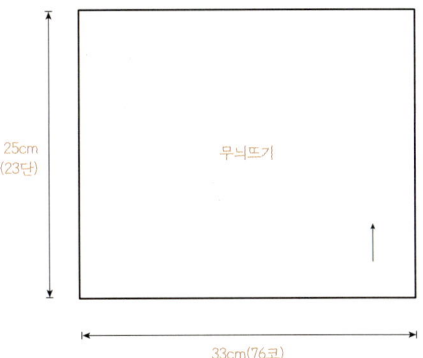

※무늬뜨기

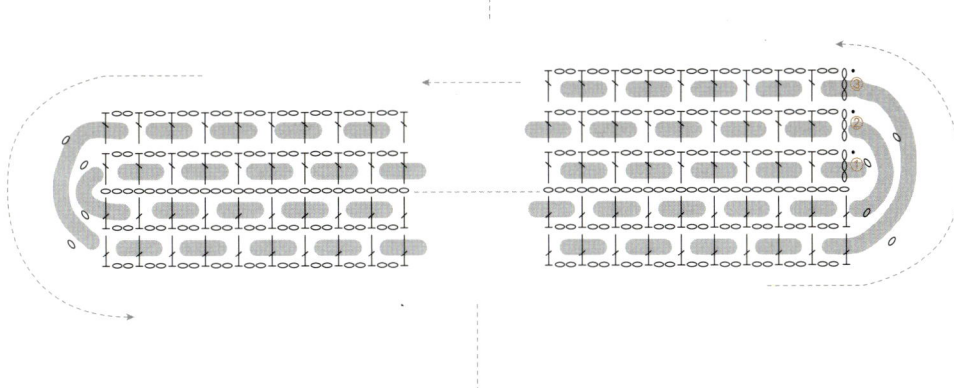

※지퍼단 뜨기

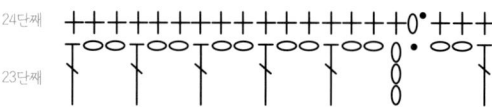

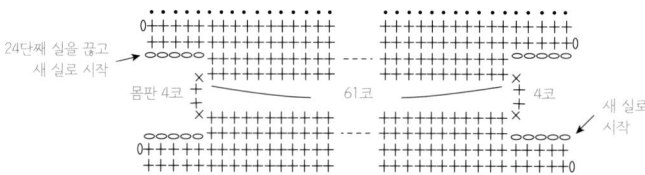

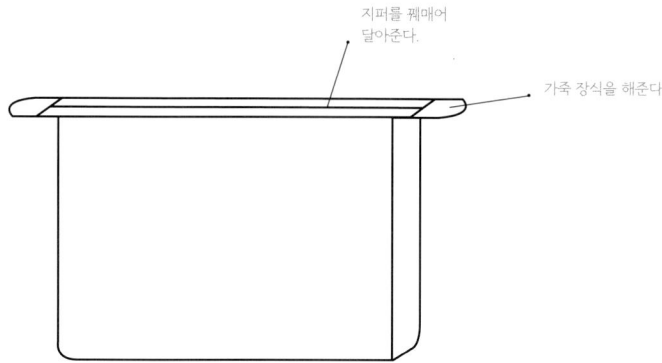

PART 3

발 매트

재료 빅볼 소프트 검정 200g,
회색 모사 100g
사용바늘 코바늘 4/0호

HOW TO MAKE

몸판뜨기

1. 회색 모사와 코바늘 4/0호를 사용해서 사슬뜨기로 70코를 잡는다.
2. 사슬뜨기한 위에 빅볼 소프트 검정을 올려놓고 트위드 사를 사용해 빅볼 소프트 위로 지그재그로 모눈뜨기를 한다. 계속 빅볼 소프트를 따라가며 모눈뜨기를 한다.
3. 양옆은 도안과 같이 코를 늘려주면서 타원형이 되도록 17단을 뜬다.

마무리하기

전체 둘레에서 1코씩 잡아 짧은뜨기 1단을 뜬 뒤 겹짧은뜨기로 2단을 뜬다.

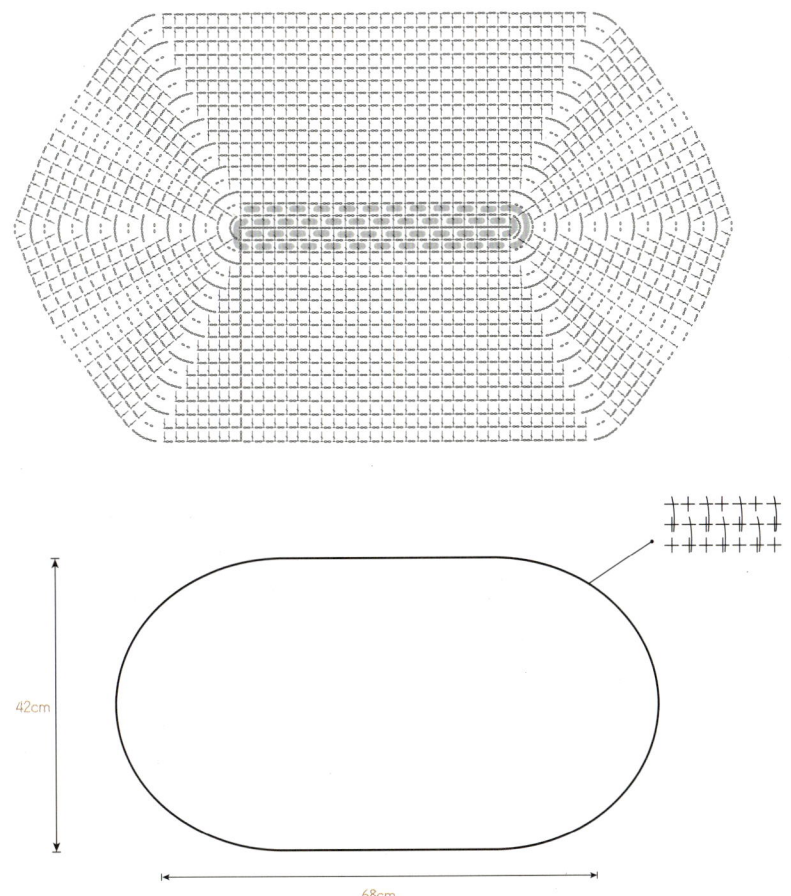

슬리퍼

재료 스키니 트위드 진회색 100g, 장식용 태그 2개, 단추 4개, 고무 슬리퍼 바닥 2개
사용바늘 코바늘 5/0호, 돗바늘

HOW TO MAKE

바닥 뜨기

1. 스키니 트위드 진회색과 코바늘 5/0호를 사용해서 사슬뜨기로 30코를 뜬다.
2. 도안과 같이 긴뜨기로 뜨면서 양쪽 부분을 늘림을 하면서 5단을 뜬다. 이때 마지막 2단의 앞쪽 부분은 한길긴뜨기로 뜬다.
3. 같은 방법으로 4장을 뜬다.

리본 부분 뜨기

1. 스키니 트위드 진회색과 코바늘 5/0호를 사용해서 사슬뜨기로 40코를 뜬다.
2. 도안과 같이 긴뜨기로 옆선을 줄이면서 뜬다.
3. 같은 방법으로 1장을 더 뜬다.

장식끈 뜨기

1. 스키니 트위드 진회색과 코바늘 5/0호를 사용해서 사슬뜨기로 16코를 뜬다.
2. 도안과 같이 한길긴뜨기로 1단을 뜬다.
3. 아래, 위 테두리는 되돌아 짧은뜨기로 1단씩 뜬다.
4. 같은 방법으로 1장을 더 뜬다.

마무리하기

1. 떠놓은 신발 바닥 2장 사이에 고무 슬리퍼 바닥을 넣고, 돗바늘을 사용하여 감침질로 꿰매어 연결한다.
2. 리본 부분 중간을 장식끈으로 주름을 잡으면서 둘러주고, 장식끈의 끝은 돗바늘로 꿰매어 연결한다.
3. 완성된 리본을 슬리퍼 바닥에 잘 맞추고 꿰매어 연결한다.
4. 장식용 태그를 슬리퍼 뒤쪽에 달아주고, 장식끈에 단추를 달아주어 완성한다.
5. 같은 방법으로 다른 한쪽도 완성한다.

※바닥 뜨기

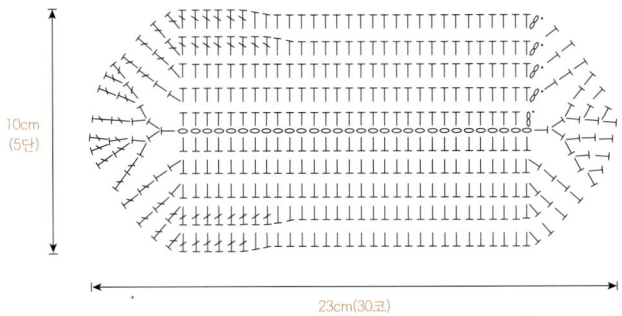

※리본 뜨기

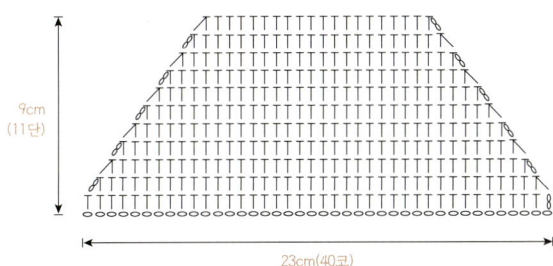

※고정끈 뜨기

장식끈 뜨기

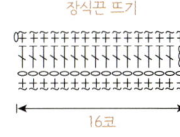

※마무리

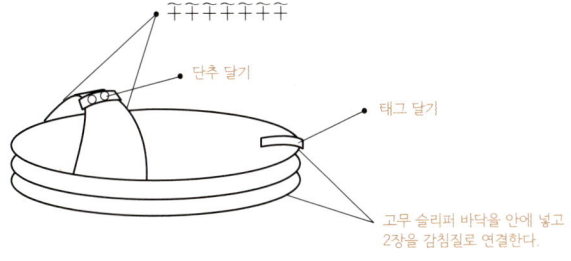

사각 바구니

재료 스키니 아란 진회색 450g,
중간회색 350g, 연회색 200g,
빨간색 면 웨빙끈 180cm 정도,
가죽 태그(大1, 中2)
사용바늘 코바늘 7/0호

HOW TO MAKE

사각 바구니(대)

1. **바닥 뜨기** – 스키니 아란 진회색과 코바늘 7/0호를 사용해서 원형코잡기로 짧은뜨기 8코를 뜬다. 매 단 4군데 모서리에서 3코씩 넣어 2코씩 늘리면서 17단까지 뜬다.
2. **옆면 뜨기** – 사슬코 35코를 잡아 짧은뜨기로 40단을 뜬다. 같은 방법으로 1장을 더 만들고 두 번째 옆면 뜬 것은 실을 잘라내지 않고 첫 번째 옆면과 짧은뜨기로 연결하며 옆 각을 만든다. 같은 방법으로 옆면 2개를 뜨면서 연결한다.
3. 만들어놓은 옆면과 바닥을 잘 맞추어 짧은뜨기로 연결한다.
4. 빨간색 웨빙끈을 31cm 정도로 잘라서 손잡이를 만들고, 태그 장식을 꿰매어 달아준다.

사각 바구니(중)

1. **바닥 뜨기** – 스키니 아란 진회색과 코바늘 7/0호를 사용해서 원형코잡기로 짧은뜨기 8코를 뜬다. 매 단 4군데 모서리에서 넣어 2코씩 늘리면서 14단까지 뜬다.
2. **옆면 뜨기** – 사슬코 29코를 잡아 짧은뜨기로 34단을 뜬다. 같은 방법으로 1장을 더 만들고 두 번째 옆면 뜬 것은 실을 잘라내지 않고 첫 번째 옆면과 짧은뜨기로 연결하며 옆 각을 만든다. 같은 방법으로 옆면 2개를 뜨면서 연결한다.
3. 만들어놓은 옆면과 바닥을 잘 맞추어 짧은뜨기로 연결한다.
4. 빨간색 웨빙끈을 30cm 정도로 잘라서 손잡이를 만들고, 태그 장식을 꿰매어 달아준다.

사각 바구니(소)

1. **바닥 뜨기** – 스키니 아란 진회색과 코바늘 7/0호를 사용해 원형코잡기로 짧은뜨기 8코를 뜬다. 매 단 4군데 모서리에서 넣어 2코씩 늘리면서 11단까지 뜬다.
2. **옆면 뜨기** – 사슬코 23코를 잡아 짧은뜨기로 26단을 뜬다. 같은 방법으로 1장을 더 만들고 두 번째 옆면 뜬 것은 실을 잘라내지 않고 첫 번째 옆면과 짧은뜨기로 연결하며 옆 각을 만든다. 같은 방법으로 옆면 2개를 뜨면서 연결한다.
3. 만들어놓은 옆면과 바닥을 잘 맞추어 짧은뜨기로 연결한다.
4. 빨간색 웨빙끈을 27cm 정도로 잘라서 손잡이를 만들고, 태그 장식을 꿰매어 달아준다.

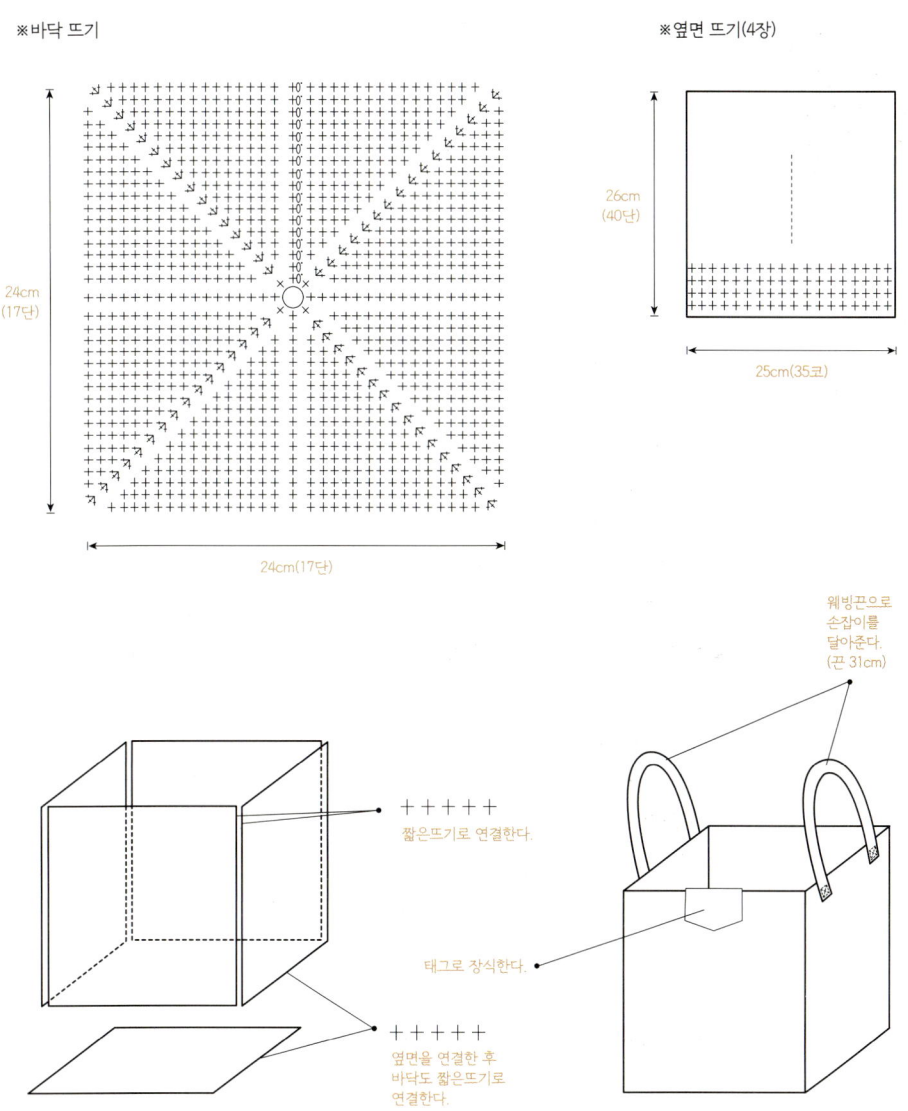

(회색)

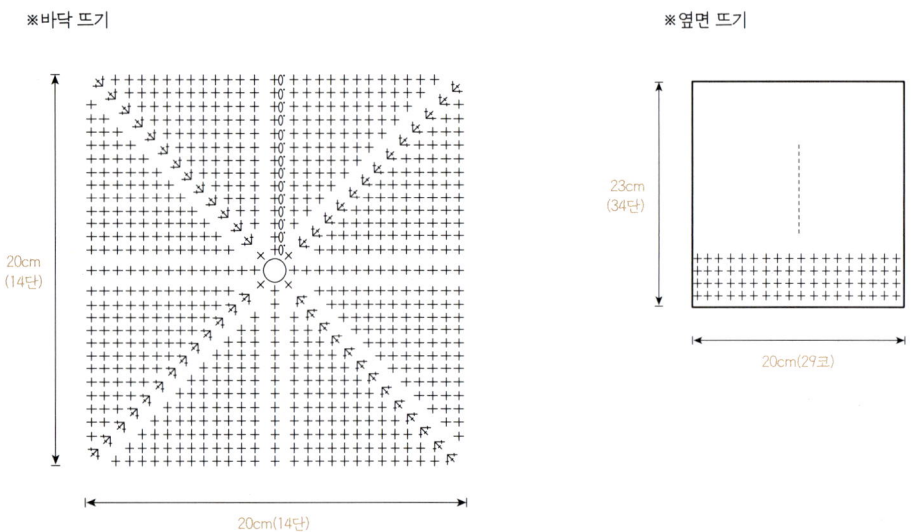

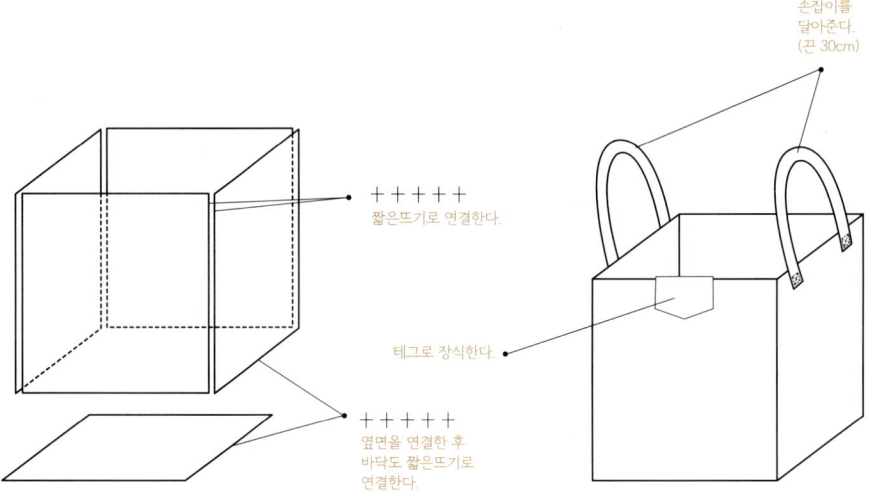

(연회색)

※바닥 뜨기

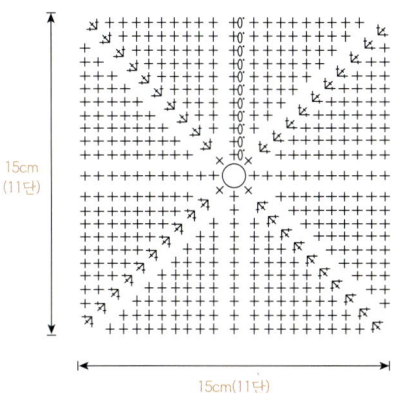

15cm(11단)
15cm(11단)

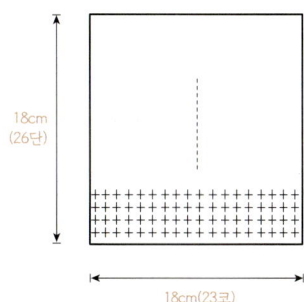

18cm(26단)
18cm(23코)

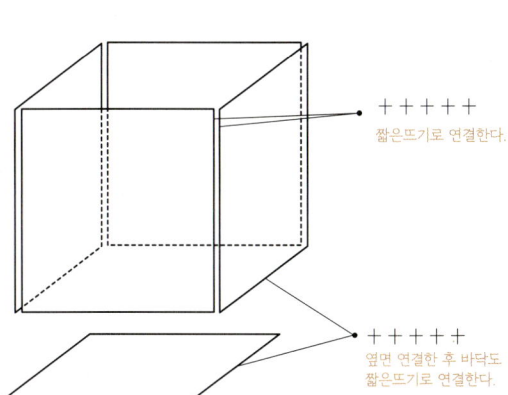

+ + + + +
짧은뜨기로 연결한다.

+ + + + +
옆면 연결한 후 바닥도 짧은뜨기로 연결한다.

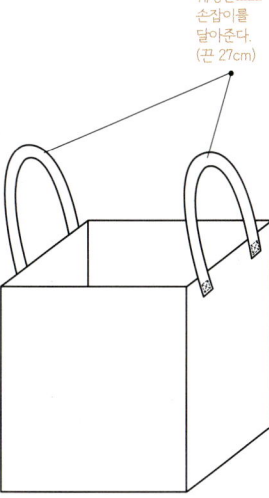

웨빙끈으로 손잡이를 달아준다.
(끈 27cm)

액자 케이스

재료 자리나 진회색 50g
사용바늘 코바늘 3/0호, 돗바늘

HOW TO MAKE

1. 자리나 진회색과 코바늘 3/0호를 사용해서 사슬뜨기로 16코를 잡는다.
2. 도안과 같이 짧은뜨기 6코, 긴뜨기 5코, 한길긴뜨기 5코를 뜬다. 2단째부터는 이랑뜨기로 뜨면서 112단을 뜬다.

마무리하기

1. 처음 시작 부분과 끝은 원통형으로 만들어 돗바늘을 사용해 감침질로 연결한다.
2. 안쪽 부분의 짧은뜨기는 자연스럽게 말리게 두고, 뒤쪽 부분은 짧은뜨기로 3단을 더 뜬다.
3. 액자 틀에 뒤집어씌워 마무리한다.

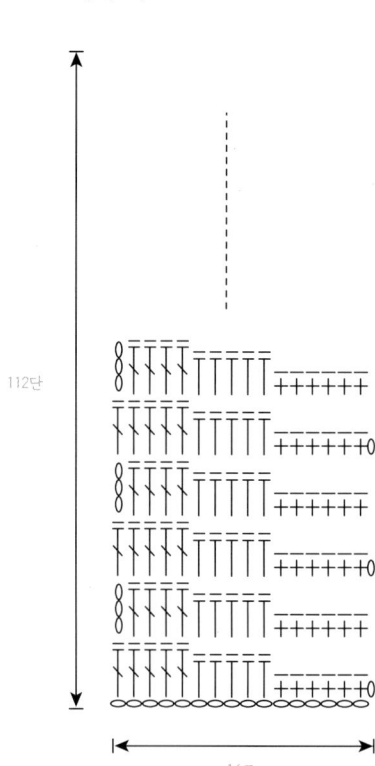

※무늬뜨기

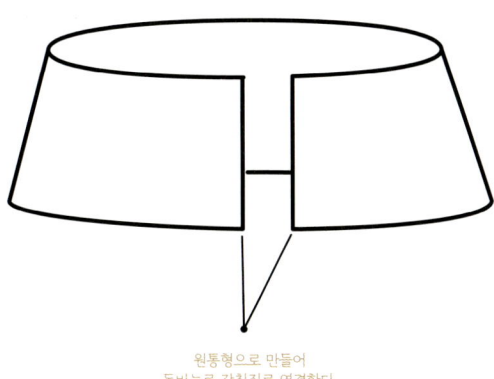

원통형으로 만들어
돗바늘로 감침질로 연결한다.

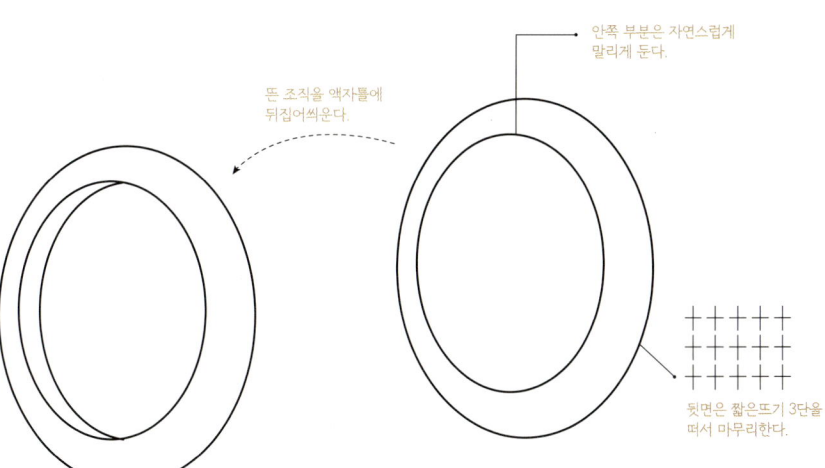

뜬 조직을 액자틀에
뒤집어씌운다.

안쪽 부분은 자연스럽게
말리게 둔다.

뒷면은 짧은뜨기 3단을
떠서 마무리한다.

PART 3

디퓨저 홀더 (와인)

재료 스키니 트위드 와인 30g, 장식 리본
사용바늘 대바늘 3.5mm, 돗바늘

HOW TO MAKE

1. 스키니 트위드 와인과 대바늘 3.5mm를 사용해서 일반코잡기로 58코를 잡아 도안과 같이 무늬뜨기로 33단을 뜬다.
2. 34단째에서 도안의 표시된 부분에서 8코를 줄여 50코를 만든다.
3. 35단째에서 도안의 표시된 부분에서 8코를 줄여 42코를 만든다.
4. 36단째에서 도안의 표시된 부분에서 8코를 줄여 34코를 만든다.
5. 37단째에서 도안의 표시된 부분에서 8코를 줄여 26코를 만든다.
6. 코를 줄인 뒤 26코를 가지고 안뜨기 1코, 겉뜨기 2코를 반복하면서 13단을 뜬 뒤 코막음한다.
7. 도안과 같이 뜨개 조직을 병 모양으로 만든 다음 옆선을 돗바늘로 꿰매어 연결한다.
8. 병에 씌워주고 리본을 묶어 완성한다.

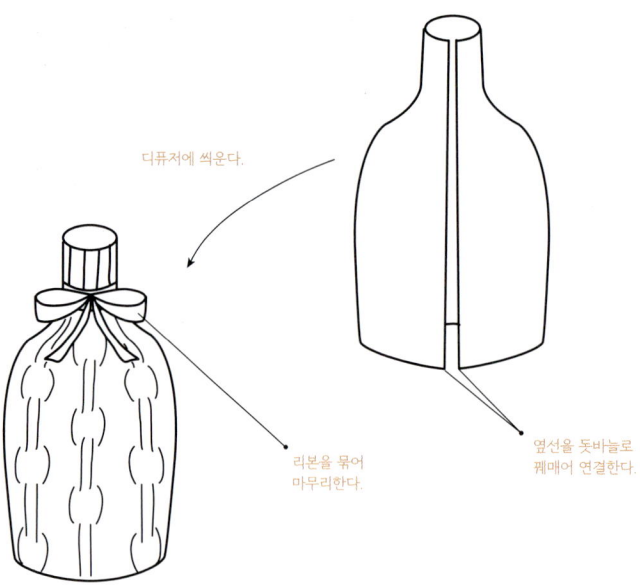

디퓨저에 씌운다.

리본을 묶어 마무리한다.

옆선을 돗바늘로 꿰매어 연결한다.

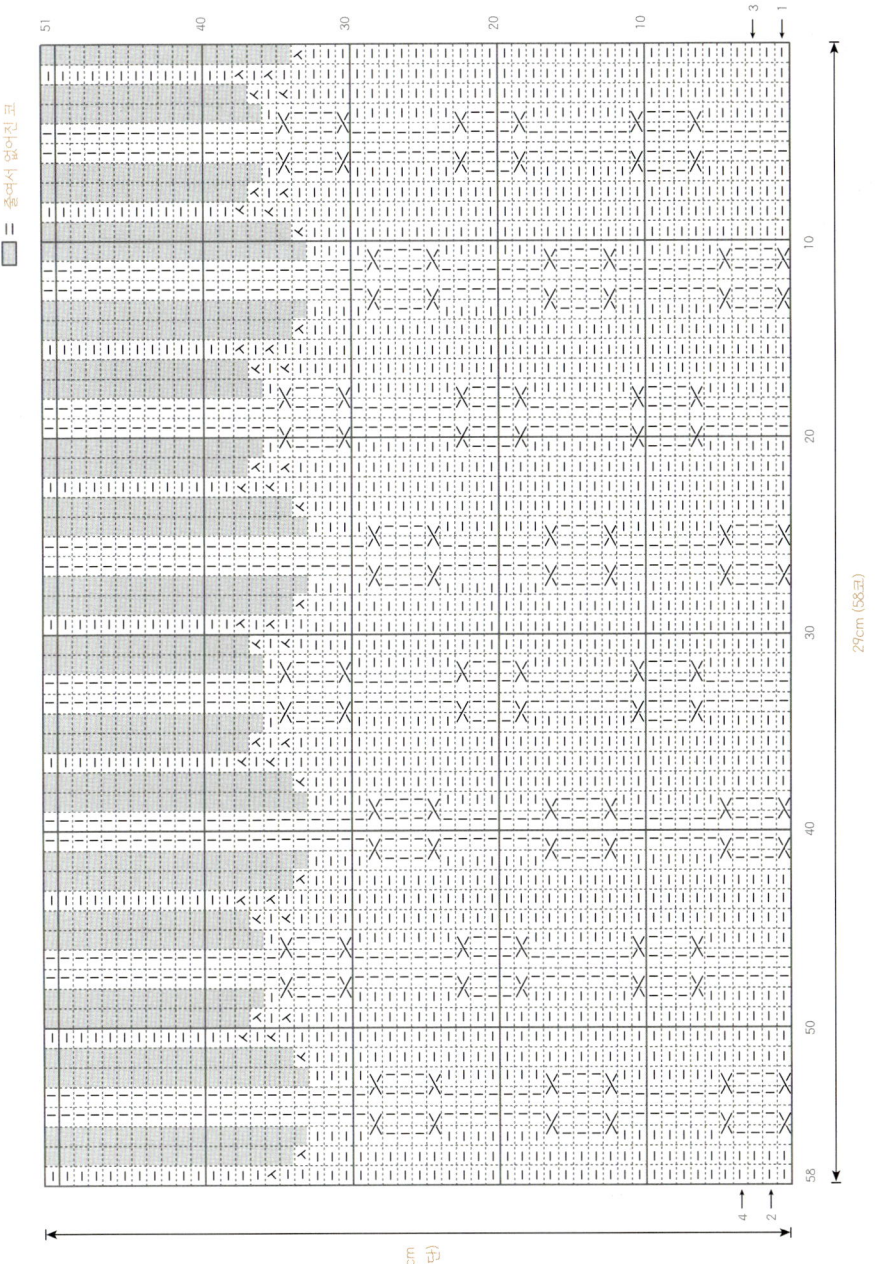

디퓨저 홀더
(아이보리)

재료 스키니 트위드 아이보리
30g, 장식 리본
사용바늘 대바늘 3.5mm

HOW TO MAKE

1. 스키니 트위드 아이보리와 대바늘 3.5mm를 사용해서 일반코잡기로 52코를 잡아 도안과 같이 무늬뜨기로 27단을 뜬다.
2. 28단째에 도안의 표시된 부분에서 10코를 줄여 42코를 만든다.
3. 30단째에서 도안의 표시된 부분에서 10코를 줄여 32코를 만든다.
4. 32단째에서 도안의 표시된 부분에서 10코를 줄여 22코를 만든다.
5. 코를 줄인 뒤 22코를 가지고 안뜨기 1코, 겉뜨기 1코를 반복하면서 14단을 뜬 뒤 코막음한다.
7. 도안과 같이 뜨개 조직을 병 모양으로 만든 다음 옆선을 돗바늘로 꿰매어 연결한다.
8. 디퓨저 병에 씌워주고 리본을 묶어 완성한다.

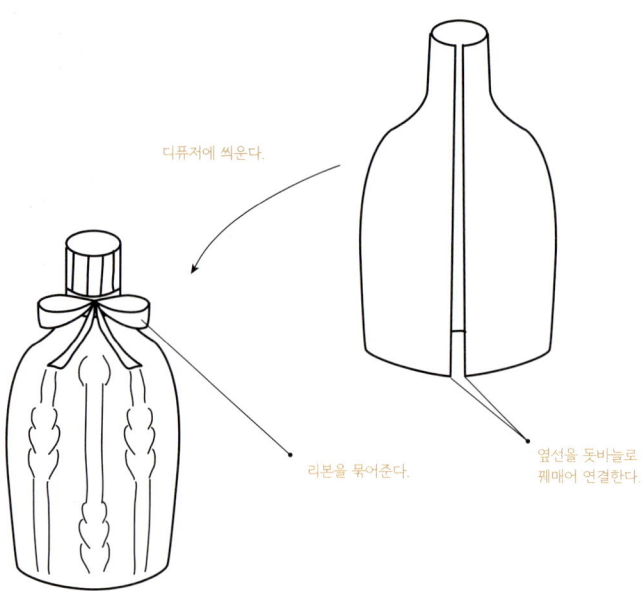

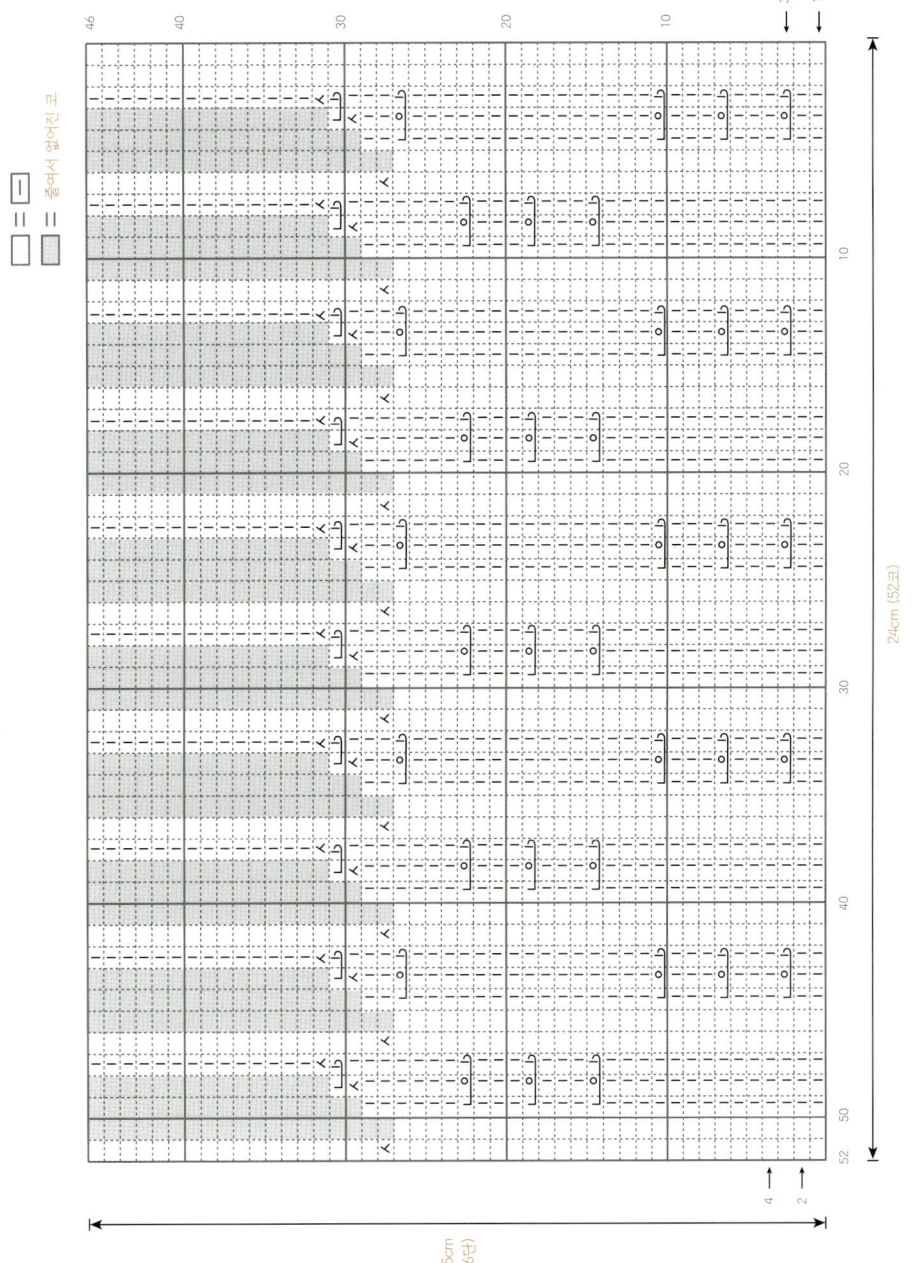

양초 홀더
(아이보리 I)

재료 스키니 트위드 아이보리 50g
사용바늘 대바늘 3.5mm, 돗바늘, 교차뜨기 바늘

HOW TO MAKE

1. 스키니 트위드 아이보리와 대바늘 3.5mm를 사용해서 일반코잡기로 9코를 잡는다.
2. 안뜨기로 1단을 뜨고 도안과 같이 코를 늘리면서 13단을 뜬다.
3. 대략 11코마다 1코씩을 늘려 62코로 만들고 도안의 무늬뜨기로 30단을 뜬 뒤 코막음한다.

마무리하기

1. 떠놓은 뜨개 조직을 밑바닥에서부터 옆선을 돗바늘로 꿰매어 연결한다.
2. 처음 시작 부분의 중심 7코를 한코씩 돗바늘에 꿰어 잡아당긴 후 모아준다.
3. 떠놓은 뜨개 조직을 양초 병에 씌운다.

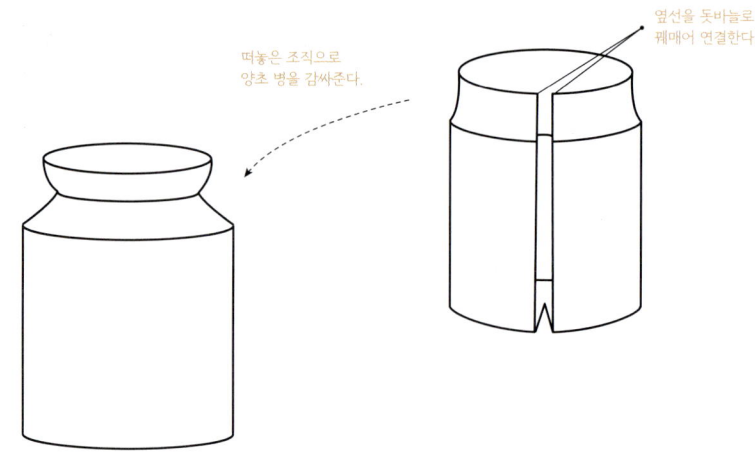

※무늬뜨기

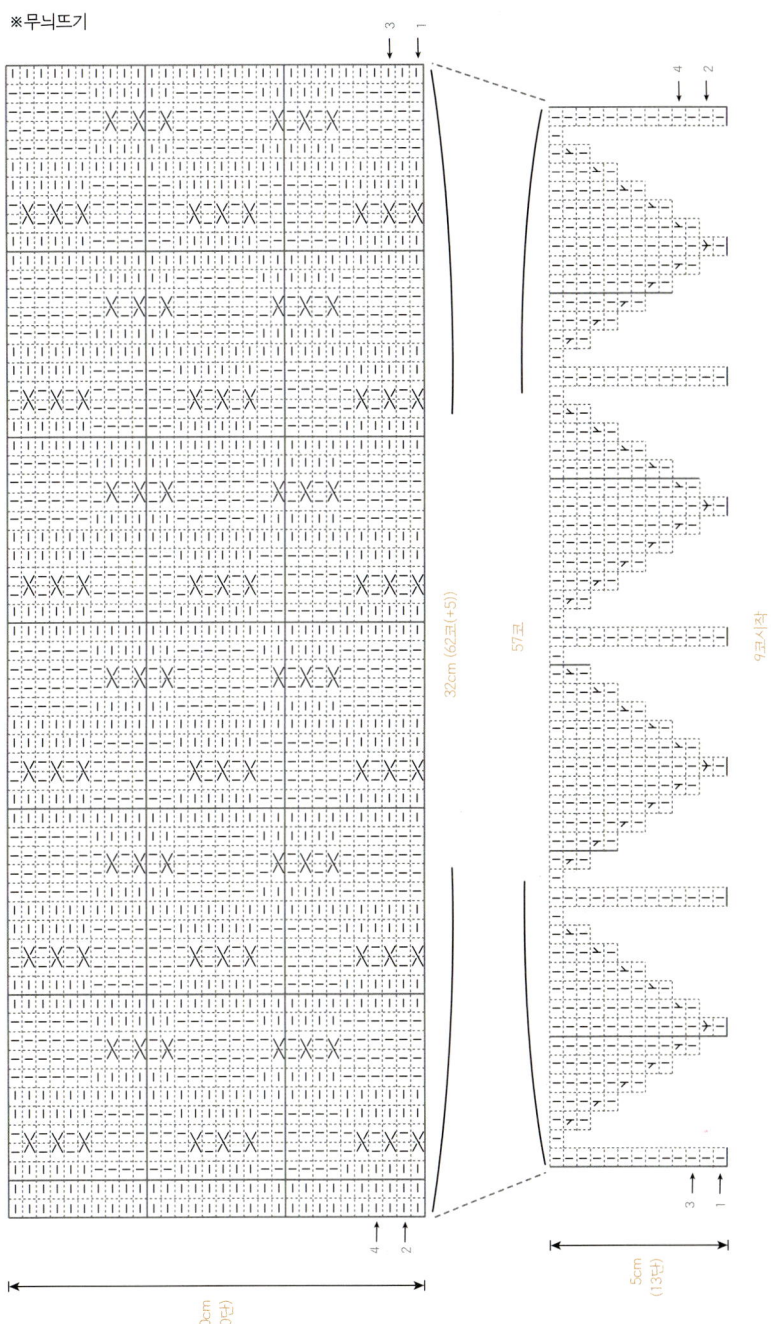

컵 홀더

재료 스키니 트위드 아이보리 50g, 회색 50g
사용바늘 대바늘 3.5mm, 코바늘 5/0호, 돗바늘, 교차뜨기 바늘

HOW TO MAKE

컵 몸판 뜨기

1. 스키니 트위드 아이보리와 코바늘 5/0호를 사용해서 8코를 잡아 원형코를 만들고 3.5mm 대바늘로 옮긴 뒤 도안과 같이 2단에 1번씩 8코를 늘려가며 14단을 뜬다. 밑판 부분은 원형뜨기를 한다.
2. 대략 9코마다 1코씩 늘려 62코를 만든 뒤 도안의 무늬뜨기로 54단을 뜨고 코막음한다. 몸판은 원형뜨기를 하지 않는다.

손잡이 뜨기

1. 스키니 트위드 아이보리와 대바늘 3.5mm를 사용해서 일반코잡기로 10코를 잡는다.
2. 메리야스뜨기로 30단을 뜬 뒤 코막음한다.

마무리하기

1. 떠놓은 뜨개 조직을 컵에 씌운다.
2. 옆선 부분을 손잡이 쪽에 두고, 손잡이 부분을 제외한 나머지 부분은 돗바늘로 꿰맨다.
3. 떠놓은 손잡이를 컵 손잡이에 씌운 뒤 ●부분을 먼저 꿰매어 연결을 하고 ▲부분은 컵 몸판에 연결해 꿰맨다.
4. 몸판 뜨개 조직을 컵 안쪽으로 접어 글루건으로 고정한다.

※ 회색도 같은 방법으로 뜬다.

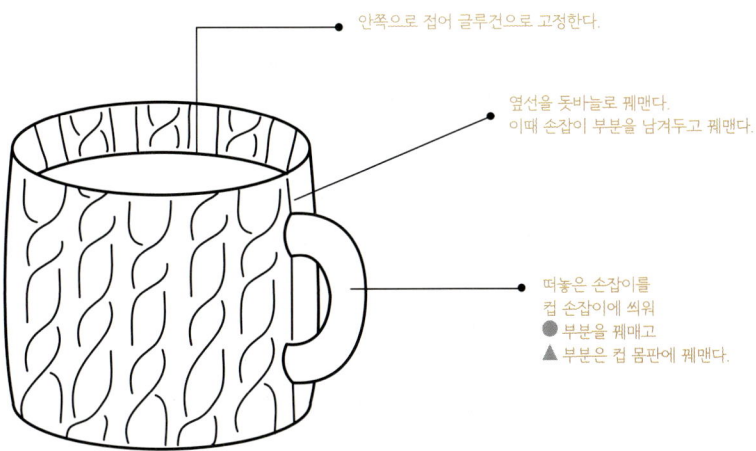

- 안쪽으로 접어 글루건으로 고정한다.
- 옆선을 돗바늘로 꿰맨다.
  이때 손잡이 부분을 남겨두고 꿰맨다.
- 떠놓은 손잡이를
  컵 손잡이에 씌워
  ● 부분을 꿰매고
  ▲ 부분은 컵 몸판에 꿰맨다.

※ 손잡이 뜨기

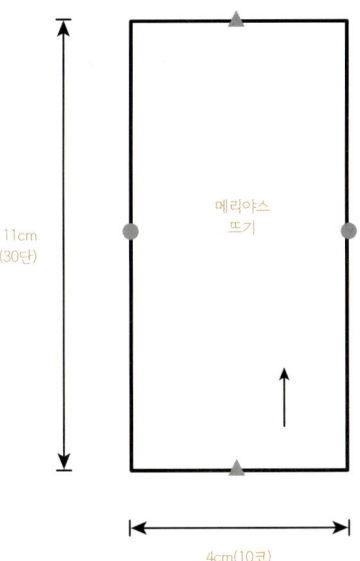

11cm (30단)

메리야스 뜨기

4cm (10코)

※무늬뜨기

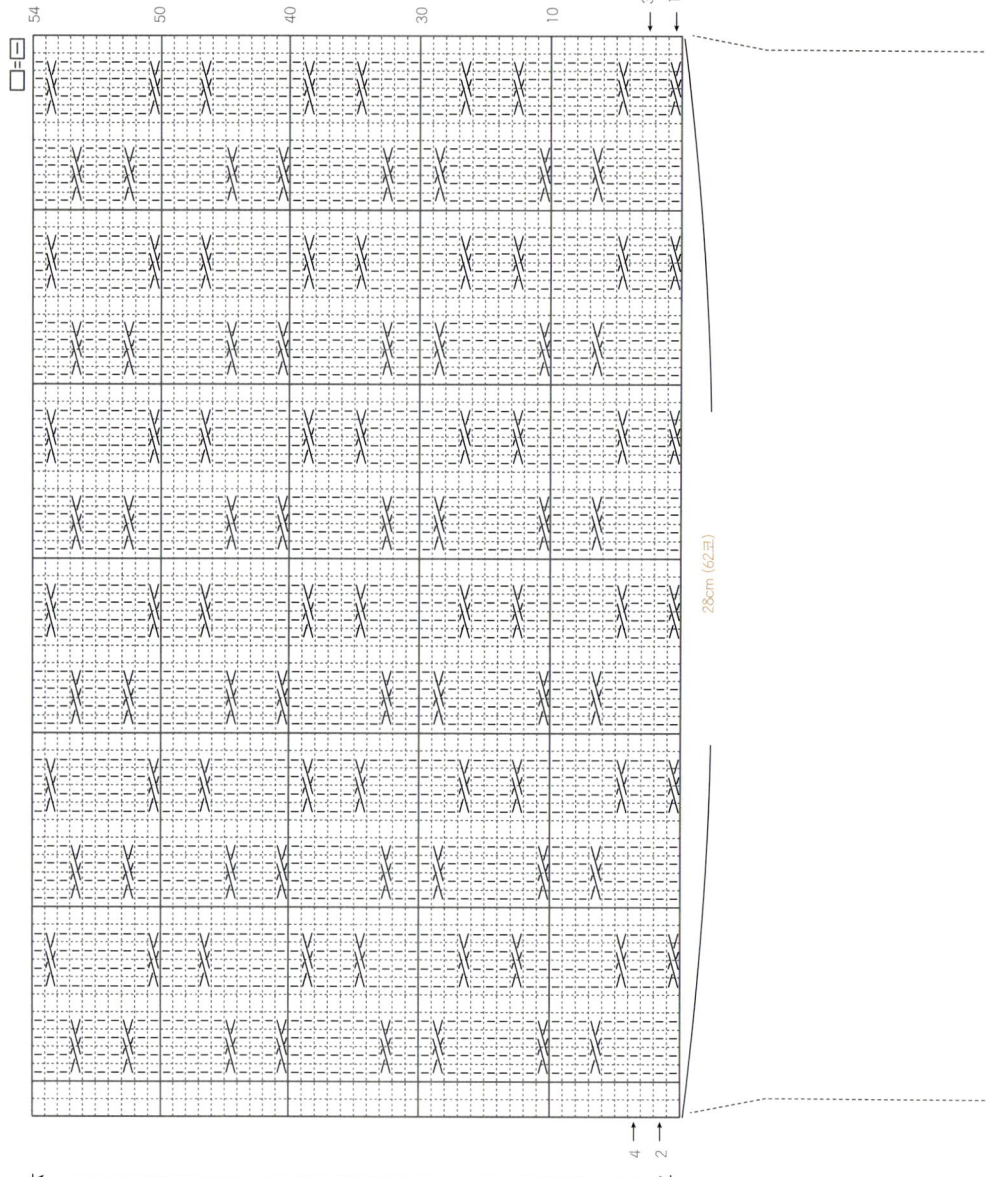

56코

8코 시작